1677 **UZANNE** (Octave). Le Calendrier de
Vénus. Paris, Rouveyre, 1880, pet. in-8,
pap. vergé, frontispice gravé par Perret,
et vignettes tirées en rose, br., couvert.
(*Epuisé*).   7 fr.

LE
CALENDRIER
DE
VÉNUS

JUSTIFICATION DES TIRAGES

DE LUXE

                                                                       Numéros.

  4 Exemplaires imprimés sur parchemin. . . . . . .   1 à   4
10   »   »   sur papier du Japon. . . .   5 à 14
16   »   »   sur papier de Chine . . . . 15 á 30
20   »   »   sur papier de Renage. . . . 31 à 50
50   »   »   sur papier Whatman. . . . 51 à 100

Droits de propriété et de traduction réservés.

LE
CALENDRIER
DE
VÉNUS

PAR

OCTAVE UZANNE

PARIS
LIBRAIRIE ANCIENNE ET MODERNE
EDOUARD ROUVEYRE
1, rue des Saints-Pères, 1
1880

EPITRE DÉDICATOIRE
A Bétzy

La vie, dit-on, est un canevas qui ne vaut pas grand chose, la broderie qu'on y ajoute seule peut avoir quelque prix, et je ne saurais oublier, Madame, sans faire injure à mes sensations passées, les fines et capricieuses arabesques dont vos jolies petites mains de fée ont si délicatement festonné, pendant de longues heures fugitives, cette toile grise, uniforme ou banale qu'enrichissent et agrémentent avec tant d'art voluptueux les ivoirines navettes d'amour.

Selon Beaumarchais, la passion est le roman du cœur tandis que le plaisir en est l'histoire: vous auriez donc, à ce titre, de doubles droits à mon entière gratitude, aussi bien comme romancière émérite que comme historienne exquise dans les belles lettres de Cythère. Au milieu des archives bouleversées de mes sens je me plais aujourd'hui à rechercher bien des dates que caressent mes souvenirs, et j'aimerais, je l'avoue, ajouter, de concert avec vous, un nouveau chapitre à notre œuvre si tôt interrompue, mais la nature qui veut que tout finisse, fait clairement appel à ma raison en m'indiquant avec son aimable sagesse, que Cupidon aime à renouveller le feu de ses brandons et que, dans un parterre de beautés infinies, il ne faut pas cueillir toutes les roses sur un même rosier.

Ne vaut-il pas mieux respirer lentement les doux parfums d'antan, que risquer de briser la cassolette en la surchargeant de plus fraîches senteurs? Vous me savez, du reste, trop indépendant pour jouer le Pastor fido et trop loyal pour feindre un sentiment immuable. Les girouettes ne se fixent que lorsqu'elles sont rouillées et je pivote encore assez bien sous les courants capricieux du désir pour ne pas me convaincre chaque jour davantage que l'inconstance ici bas fait plus de conquêtes que la fidélité n'en conserve. — L'amour, avec son arsenal de *soupçons, de craintes, d'inquiétudes, de regrets et d'alarmes ne vaut assurément pas qu'on s'y attache; la volupté y passe comme un rêve, la douleur s'y implante comme un cauchemar. L'homme amoureux suit la femme comme le taureau le sacrificateur, disait Salomon, le sage des sages, aussi, pour protéger son cœur contre une passion exclusive, entretenait-il une légion de près de huit cents femmes, qu'il traitait en esclaves afin de ne pas s'esclaver lui-même à une seule créature.*

Dans l'intimité de nos relations, Madame, le souvenir, dès lors, peut prendre place entre l'estime et l'amitié, deux grands mots en vérité qui effraient les désirs avant la lettre, mais qui, après, protègent la retraite, apaisent les rébellions d'amour-propre, sauvegardent les convenances mondaines et abritent mieux les épaves de la passion que toutes les feuilles de bananier de Paul et Virginie. Lorsque le goût, la curiosité ou le caprice en font tous les frais, les bonnes fortunes sont de joyeuses flambées de paille qui ne laissent point de cendres. Entre nous, la sympathie intellectuelle fut de moitié dans nos accordances amoureuses, aussi bien que l'incendie soit éteint, la part du feu est faite, et il nous reste l'un pour l'autre un sentiment moins perturbateur allumé au même foyer, forgé au même brasier mais assurément mieux trempé et surtout plus tenace.

Permettez-moi donc, Madame, en mémoire de nos délices d'hier, en témoignage de notre félicité présente, et dans l'espérance de nos douces causeries d'avenir, de vous présenter ces petits écrits boutadeux; lisez-les comme ces chapelets qu'on égrène distraitement sans songer à dire le rosaire; arrêtez-vous aux bons endroits, vous y trouverez comme l'ombre d'heureuses sensations, et si parfois il vous venait à l'idée que je suis plus coloriste que dessinateur, daignez vous rappeler que je ne donne pas la gabatine et qu'au temple de la Divinité des Grâces, où nous fûmes en pèlerinage, les nombreux bas reliefs tracés sur l'autel pourraient vous offrir un curieux démenti.

Trouvez ici, Madame, l'affectueuse expression de ma plus franche amitié.

OCTAVE UZANNE.

Paris, 15 novembre 1879.

LE CALENDRIER DE VÉNUS

> *Toujours un tas de petits ris,*
> *Un tas de petites sornettes ;*
> *Tant de petits charivaris,*
> *Tant de petites façonnettes,*
> *Petits gands, petites mainettes,*
> *Petite bouche à barbeter.*
>
> Coquillard.

A L'ACADÉMIE DES BEAUX ESPRITS

ET DES

RAFFINÉS DU LANGAGE

> *Le vulgaire parle en fou et censure en impertinent; il ne faut pas s'arrêter à ce qu'il dit, encore moins à ce qu'il pense; il importe de le connaître pour pouvoir s'en délivrer; en sorte que l'on n'en soit jamais ni le compagnon ni l'objet; car toute sottise tient de la nature du vulgaire, et le vulgaire n'est composé que de sots.*
> BALTAZAR GRACIAN.

Messieurs et doctes Petits-Maîtres,

UN des quarante, mais aussi et surtout un des vôtres, un délicat entre tous, un chiffonnier musqué de la double colline, et de plus, grand donneur de becquée à Vénus, le galant abbé de Bernis, fondait peu de foi en son avenir, lors de son *arrivée à la Cour, et c'est ainsi qu'il modulait, si je ne me trompe, l'expression de son incertitude en fixant son petit collet :*

« Aucun chemin de fleurs ne conduit à la gloire. »

Sans effort cependant, bercé par la main caressante du destin, œilladant aux Muses, cueillant des bouquets à Chloris, paillardant à loisir de ci de là et friponnant des cœurs, cet Hercule enjoué et mignard, ouaté de graisse et bouffi d'intrigue, put remarquer soudain la fausseté de ses appréhensions, du jour où il se prit amoureusement à filer sa carrière, aux pieds de Pompadour-Omphale, sur la quenouille rouge du cardinalat.

Si la rieuse fortune de ce badin petit prêtre me revient en mémoire, Messieurs, c'est qu'en me présentant devant vous j'éprouve peut-être moins encore de vanité que de suffisance. Sans faire montre à vos yeux d'un fatalisme oriental qui serait hors de propos, sans mettre en avant le « Sequere Deum, » *cette devise des stoïciens, je ne crains pas d'affirmer que par ma naissance, ou plutôt par mes qualités, ces défauts natifs qu'on perfectionne, j'étais appelé à suivre, sans nulle ambition, le sentier fleuri qui me conduit en votre compagnie précieuse et raffinée.*

Veuillez donc croire que si, par un lyrisme touchant et un feint enthousiasme, je me laissais aller à exalter l'honneur qui m'est fait aujourd'hui, je mentirais à ma fierté naturelle, de même qu'en vous jurant fidélité et reconnaissance — deux sentiments dont on ne saurait trop se montrer avare — je perdrais à l'instant le culte de mon indépendance et cesserais d'être — ce que je prise le plus au monde — un épicurien de la vie et un sceptique des succès faciles.

En prenant place parmi vous, je prétends rester moi-même, c'est-à-dire volontaire, tranchant comme un sabre et ferme comme un roc. — A notre époque où tout flotte, sauf un Drapeau, les hommes à caractère doivent se tremper une énergie plus dure que le pommeau d'une dague, et je ne crois pas que tels êtres soient si communs pour que, me rencontrant dans cette assemblée, vous ne teniez pas à honneur de me ranger au premier rang parmi vous. — Du laisser aller de mon allure, de la hardiesse de mes conceptions, de l'originalité téméraire de mes écrits, j'assume l'entière responsabilité et n'abandonne rien au convenu, encore moins aux convenances; aussi puis-je dire que vous devez renoncer dès aujourd'hui à me voir abdiquer la moindre de mes opinions, en faveur d'une majorité dont les verdicts me laisseront toujours froid et insensible.

J'estime que si les aigles planent haut et contemplent le soleil, c'est qu'ils ont, outre l'envergure des ailes, la farouche acuité de la vue, et que si les lions marchent seuls, superbes et méprisants, ce n'est pas seulement qu'ils se repaissent de leur puissance et nourrissent eux-mêmes leur vitalité, c'est aussi qu'ils sont amoureux du désert comme les penseurs de la solitude.

Il vous paraîtra sans doute extraordinaire, Messieurs, de voir dans mon langage ces termes incisifs et ces pensées si hautaines; vous vous direz qu'un jouvenceau qui compte au plus vingt-sept automnes dorés devrait se montrer plus malléable dans sa viripotence, et que, d'ailleurs, un nouvelliste de Cythère, un anecdotier de ruelles, un tisseur de mousseline d'or aurait droit à plus de modestie. Je sais, n'en doutez pas, que vous blâmez sourdement l'école buissonnière que je me permets bien souvent en dehors de mes travaux littéraires et critiques, mais je vous prie de bien examiner, Messieurs, que la jeunesse est le temps où l'on cueille les roses, où l'on biscotte et fanfreluche la mignardise, que je suis plutôt un athénien qu'un spartiate des belles-lettres, et qu'enfin je ne saurais me plier, sans me rébeller, au rôle constant d'annotateur et de biographe, ni planter des croix de Malte sur le temple de Cypris.

Les philologues, ces nègres blancs de l'érudition, lorsqu'ils se sentent doublés d'un écrivain, aiment surtout à s'affranchir de leur rôle de pionnier silencieux, de même que les hommes d'étude sédentaire se plaisent dans leurs loisirs à se ruer dans la verte campagne embaumée et à fatiguer leurs muscles paralysés dans des courses hâtives et extravagantes. — Il n'y a que les Fakirs des langues mortes, Messieurs, il n'y a, j'ose le proclamer, que les pauvres esprits fanatisés par un seul point d'histoire qui puissent consentir à ankyloser leur cerveau, sans désencager et donner le vol au grand air à des idées personnelles ou frivoles ; il n'y a enfin que les embaumeurs qui puissent se momifier dans la toilette conservatrice des beaux esprits d'antan ; à mon âge, on n'a pas la patience et la quiétude journalière des prisonniers d'État qui fabriquent lentement et minutieusement des cathédrales en liége ou des chapelets de buis dentelés.

Je ne réclame au reste l'indulgence d'aucun, pour ce que des sots à vingt-cinq carats, appelleront des Escapades de jeunesse ; l'indulgence n'atteint pas les forts qui ont le blanc-seing de leur volonté, c'est tout au plus si elle donne un nouveau mandat aux faibles et aux indécis. — Pour moi, si je mets aux fenêtres la fantaisie, ma sultane favorite et rieuse, c'est qu'elle tapisse en rose le temple peuplé de mon imagination, et si je m'affiche en plein jour avec elle, c'est sans divorcer avec mes légitimes études ; Tartuffe n'a qu'à jeter son mouchoir comme un voile et Bazile à baisser son chapeau sur ses yeux de faune en détresse.

Au surplus, puisque je dois ici, à mon

grand regret, faire sonner mon Moi, dans une déclaration de principes, en manière de discours, je professerai cyniquement l'égoïsme formidable dans lequel je me plais à clandestiner mes caressantes sensations littéraires, et je ferai franchement parade, sinon du mépris, du moins de l'indifférence profonde que je ressens pour les suffrages de la foule.

L'Opinion publique étant inconstante comme une femme, banale comme une grisette et prostituée comme une fille au premier vendeur de thériaque, la courtiser est une faiblesse et l'esclaver est une chimère; je me sens donc trop friand de voluptés délicates et trop despote dans mon amour-propre pour prétendre jamais vaniteusement forniquer avec elle. — Le ferai-je, Messieurs, qu'il me faudrait encore confier mes désirs au proxénétisme aveugle et sordide de la Renommée, et cette autre mégère m'écœure et m'épouvante, depuis que ses cent voix usées par le concubinage du temps et avilies par des aboiements lucratifs, se sont enrouées au diapason de l'unique voix de Jean Hiroux.

Dans la procréation de mes œuvres, Mes-

sieurs et doctes Petits-Maîtres, je suis — n'allez pas, de grâce, crier au scandale — imitateur d'Onan, aussi bien qu'en amour, je me révèle disciple de talon rouge et petit-fils de Roué. — Onan était en effet un grand désabusé des plaisirs partagés, et j'ai toujours pensé que ce singulier sceptique nihiliste des incubations à froid valait mieux que sa réputation de criminel d'Écriture-Sainte; à mes yeux, il se présente comme un sublime rêveur de voluptés impossibles, qui, afin de plus sûrement dégrader son imagination, s'empressait de noyer ses convoitises et d'anéantir ses débauches cérébrales dans les décevantes pollutions de la réalité crue.

Suis-je bien coupable, en cette manière, d'égoïser dans ma tête les joies solitaires et folles de mes conceptions, et pouvons-nous croire que la majorité des hommes pensent aux enfants qu'ils créent, alors que Dieu, dans sa sagesse, a si noblement masqué le corollaire de l'enfanture sous les plaisirs fugitifs mais piquants de la galanterie ou les ragoûts du libertinage?

Vous ne m'accuserez donc plus, entre vous et à voix basse, de chercher de petits ou de grands succès, ni de courir dans la poussière de l'arène humaine, afin de tirer la Fortune par sa robe aux faux reflets. Douglas Jerrold, un humouriste anglais, disait fort spirituellement que la Fortune avait été représentée aveugle afin de ne pas voir les sots qu'elle enrichissait; si le temple de cette Déesse contient si notable assemblée, il est hors de doute que je puis attendre ses faveurs sur le seuil de ma porte, ce que je ne souhaite aucunement, car les sages ne courent jamais après leur félicité; ils se la donnent, ce qui est plus sûr, et j'ai placé en ce qui me concerne toutes mes provisions de bonheur dans le coffre-fort de ma boîte osseuse.

Mais, Messieurs, laissons là ces questions d'intimité confraternelle, ces confidences à huis-clos, pour aborder, puisqu'il le faut, la série de mes revendications personnelles :

Bien que je ne me soucie point des bruits extérieurs, des éclats de presse et des sourdes médisances de la pâle envie, et quoique je n'ignore point, selon un vieil adage français, qu' « à laver la tête d'un nègre on perd sa lessive, » je ne pourrais et ne devrais laisser passer sous silence les coups d'espadon mala-

droits; que des pauvres bretteurs sans convictions ont tenté de me porter en pleine poitrine, si ces coups d'estoc avaient pu atteindre autre chose que ma cuirasse d'indifférence.

Il en est cependant autrement d'une remarque plus générale et que je serais mal fondé à prendre en mauvaise part, car je la crois faite loyalement et sans parti pris, avec un ton sobre et une affection quasi-paternelle, par des écrivains bien élevés, d'un esprit judicieux et éclairé; je veux parler de mes déplorables tendances au style précieux, papillotant et maniéré; ainsi que de mes aptitudes spéciales à forger sur l'enclume des dictionnaires anciens les plus imprévus néologismes.

A ce « Cave Canem » placé si charitablement au début de ma route, je m'efforcerai de répondre avec toute la sympathie que m'inspirent mes bienveillants critiques et la bonne foi à laquelle ils ont droit. Dans ce but, et afin de vous faire prendre patience, je pourrais vous conter, Messieurs, un apologue qui serait mon apologie, mais je préfère abandonner le genre figuré au propre parler, et laisser de côté l'histoire naturaliste et sensua-

liste du roi des truands Fort en Gueule *et du prince* Fine Bouche, *parabole où chacun de vous eût pu trouver des allusions peut-être en dehors de mon sujet, mais toutes en faveur de ma cause.*

Si j'invoque en premier lieu ma préciosité, je ne nierai pas avoir été nourri dans le Salon bleu *d'Arthénice et m'être complu aux mièvreries galantes de la* Guirlande de Julie. — *Mais qui me porta, je vous le demande, Messieurs, à courtiser la princesse Aminthe, fille de la Déesse d'Athènes, et à tisonner mes sympathies ardentes pour les Ménage, les Voiture, les Sarasin, les Montreuil, les Conrart et ces Messieurs de Port-Royal ? — Qui m'excita à m'amignoter en compagnie de Stratonice, de Félicie, de Doralise ou de Calpurnie? Qui? sinon mes précieux instincts littéraires, et mes propensions amoureuses à composer des métaphores assez riches pour capitoner les murailles grises de la réalité attristante et froide.*

Il y a, disait Diderot, des grâces nonchalantes et des nonchalances sans grâce. A ceux qui me reprochent mon afféterie, j'opposerai ma personne et mon tempérament, et mettrai en avant mon naturel, mes goûts, mes sens, mes gestes, ma démarche sans théorie, et l'accent de mes paroles. De l'orteil aux cheveux, tout en moi se tient sans se contredire ; je puis plaire ou déplaire, mais je me déclare et me sens incapable d'inspirer de ces sentiments mixtes, tels que de petites passions ou d'anodines amitiés, voire de l'indifférence. Tel que je suis, comme homme, je puis être un allumeur de désirs chez les quelques femmes qui seront frappées par ce qui constitue ma personnalité, de même que tel qu'il se présente, mon style pourra séduire entièrement quelque rare lecteur qui y sentira le naturel de ma griffe, sans éprouver le besoin d'y apercevoir ma signature au bas de la page.

Je suis donc aussi naturel dans ma démarche et dans mes amours, que dans mes écrits ; aussi peu recherché dans la manière de puiser mes pensées que dans la façon de les exprimer, si j'y mets quelque chose de plus que les autres, c'est que ce quelque chose est en moi : il y a des poules dont les œufs sont marbrés de vert et de rose, de même qu'il y a des fleurs au parfum quintessencié dont peu de personnes peuvent subir l'approche, mais qui ravissent les odorats dépravés.

Eh! Messieurs, tout est là; il est des hommes qui naissent avec un caractère bien tranché; il semblerait qu'ils soient plutôt nés d'eux-mêmes que descendus d'Adam, ils sont au-dessus des tempêtes comme la mer de cristal que saint Jean vit dans le ciel, laquelle n'était agitée par aucun vent. Pour moi, toute ma morale consiste dans la façon de régler mes mœurs selon les préceptes de mon jugement, et j'ai toujours songé que savoir l'art de plaire ne valait pas la sympathique manière de pouvoir plaire sans art. Je ne serai jamais, j'en conviens, le hochet de la foule; « l'esprit du vulgaire, s'écrie un philosophe ancien, est semblable aux rivières dont les eaux soutiennent les choses les plus légères et viles comme la paille, les fruits secs et les noix creuses, tandis que les objets plus précieux et plus pesants comme l'or et les diamants, y sont ensevelis et roulés dans le sable ou la vase. »

Qu'on ne dise donc pas que je suis précieux par vanité et par genre, que je mets des gre-

lots à mon style ou que je harnache ma prose comme une mule espagnole, cela serait hyperbolique et faux, autant vaudrait affirmer que si je passe sur la place publique, le chapeau incliné sur l'oreille comme un feutre, le torse cambré, la poitrine en avant, le manteau jeté en draperie sur la courbe de mon bras et ma canne au côté comme une rapière, relevant en retroussis ma cape-pardessus qui traîne à terre, autant vaudrait affirmer, dis-je, que tous mes gestes sont étudiés, toutes mes poses analysées dans un but de recherche, tous mes pas bien mesurés pour ne rien déranger à l'ensemble de ma silhouette, et cependant, Messieurs, j'ai cru remarquer des reproches analogues, lorsque, ainsi équipé, je passe parmi le brouhaha des foules. J'ai pu m'apercevoir que l'œil béat des simples me regardait singulièrement, pendant que des esprits forts esquissaient, — non pas un sourire que j'aurais clos à l'instant, — mais une sorte de papillotage de l'œil qui indique la surprise mariée au blâme très légitimement. — Dans ces courses à travers la ville, Messieurs, je suis aussi simplement attifé que ma prose dans mes écrits, ma personne et mon style me reflètent, aussi bien quand je compose, qu'à ces instants où, seul et sans souci je marche dans le dédain des inconnus, l'esprit en avant-garde de mon corps.

Il me serait facile de démontrer plus amplement le non-sens de ces reproches, je pourrais même dire ici ce que je pense des précieuses et des sacrificateurs de leur temple, mais ceci nous entraînerait bien loin : je me réserve de vous soumettre à ce sujet un travail séparé qui fera bonne justice des sottises qu'on débite journellement sur les habitués de l'Hôtel de Rambouillet, mais je n'oublierai pas, Messieurs, que dans notre civilisation actuelle, et à l'heure présente, je ne suis pas le seul précieux, et que chacun se plaît à reconnaître que le temps que vous me consacrez l'est infiniment plus que moi.

Vous penserez bien que je ne suis pas semblable à ces orateurs dont la facilité de parler ne provient que d'une impuissance de se taire; et vous me permettrez d'arriver maintenant à ma seconde riposte, c'est-à-dire au néologisme *dont mes excellents critiques me blâment si tendrement de faire un usage abusif.*

Je suis de ceux qui croient que l'expression rajeunit la pensée, non pas qu'il faille chercher à raviver les choses déjà exprimées, mais au contraire, dans ce sens, qu'un écrivain doit mouler ses pensées dans sa personnalité et les émettre fraîches écloses, avec l'assurance qu'un autre a pu concevoir d'une manière analogue, sans accoucher sous une forme identique. — Il y a donc néologismes et néologismes, comme il y a fagots et fagots : les uns sont importés dans la langue pour interpréter les idées nouvelles, les autres ne sont que des pléonasmes de termes anciens qu'il est inutile de refondre dans une matrice moderne.

On peut m'accuser d'enfanter les premiers, mais je ferais volontiers la gageure qu'aucun de mes écrits ne contient le plus mince des seconds, car j'étymologise plus que je ne néologie, et je ne me montrerai jamais ni assez boutadeux, ni assez mauvais grand-prêtre de la langue, pour me permettre la fantaisie de baptiser les pauvres petits bâtards des piètres écrivassiers d'aujourd'hui.

Je professe l'opinion d'un grammairien logique et indépendant, à savoir que le français récent sans la langue ancienne est un arbre sans racines, et je dévore chaque jour les racines de cet arbre géant, Messieurs; je m'en repais comme un Anachorète, je les recherche et les trouve dans Richelet, dans Ménage, dans Furetière, dans Saint-Evremont, dans J. Leroux et dans Langlet-Dufresnoy, sans espérer les découvrir dans les dictionnaires châtrés de nos Académies patentées. Je les savoure surtout, ces racines profondes de notre terroir, dans le sage et bon Montaigne, dans Rabelais, le grand néologue, dans les auteurs et les poètes satyriques du seizième siècle, dans les épistoliers du dix-septième, dans Molière, dans Balzac ou dans Saumaise, et jusque dans Diderot, Saint-Simon et Voltaire, ce merveilleux écrivain qui a peut-être encore plus ressuscité de mots qu'il n'en a inventés.

La beauté et le pittoresque de notre langue est dans sa tradition; son sang le plus coloré, son génie, sa verdeur toute gauloise, ce je ne sais quoi de galant et de bravache qui pique et dévergogne la pensée, tout ce sel attique et cette moutarde capiteuse n'ont d'autre provenance qu'une origine de plus de cinq siècles ; l'écrivain de nos jours qui néglige ses ancêtres est plus barbare que les premiers Gaulois, il a la sottise d'un guerrier qui ignorerait l'histoire de son drapeau et les héroïques faits d'armes de ses vétérans dans la carrière. Hélas ! Messieurs, il faut bien le dire, nombreux sont ceux-là qui négligent les sources salutaires, ils n'apprécient pas la saveur des bonnes cuvées, et ils croient toujours boire la piquette du néologisme en profanant et méconnaissant la rouge boisson des plus vieux crûs.

Il n'y a que les secs, les constipés d'imagination les petits jardiniers d'un vilain style à la Le Nôtre, les hommes de marbre, comme les nommait Grimm, qui puissent jouer au casse-tête chinois avec les vocables discutés, revus et approuvés par les habitants du Palais-Mazarin. — Pourquoi ne pas vendre aux peintres des couleurs tolérées par l'État, si l'on ne veut pas permettre aux littérateurs de franchir les lourds et ternes in-folios d'académie ?

Le malheur est qu'on a dit et répété sans raison à la suite de l'ennuyeux rhéteur Des-

préaux, le trop fameux : enfin, Malherbe vint, *et je ne ferai injure à personne, même à Malherbe, en affirmant qu'il n'était nullement nécessaire* qu'il vînt. Boileau estimait trop Horace, pour ne pas méconnaître notre ancienne littérature vivante et vibrante, et pour ma part je fais bon marché de ce classique aligneur de rimes, *ne serait-ce qu'en faveur de Ronsard et* « ses pipaux rustiques, » *ou de Saint-Amant,* « ce fou qui décrivait les mers. »

Au reste, sans me lancer dans cette disgression peut-être trop longue à votre gré, puisque je parle à des croyants et à des fidèles coûtumiers de ma prose, j'aurais pu chevaucher cet aimable paradoxe que, si tout ce qui est français moderne ne se comprend pas, tout ce qui, par contre, se comprend est français ; *mais il se pourrait que ce sophisme ne vous convainquît pas, Messieurs, et je passerai outre dans mes revendications, en affirmant que toute critique relative au néologisme ne saurait avoir prise sur moi, car je me considère attaché par les entrailles à la langue-mère si chaude et si noble du seizième siècle, comme je le suis par l'esprit aux badinages spirituels et aux railleries profondes du siècle de la Régence.*

Je ne veux donc pas prostituer mon langage, et si je néologie, *je fais vœu de ne jamais* argoter. — *Pour vous prouver combien je suis et veux rester constant dans les principes et les sentiments que je viens de vous exprimer avec le sans-façon et la quiétude d'un esprit indépendant et altier plutôt qu'orgueilleux, je vous présenterai aujourd'hui même, dans la fraîcheur de sa novelleté, la plus récente expression de mon* Langage amarivaudé *et de mon* Style minaudier, *sans crainte d'effarer mes charmants aristarques qui finiront, si bon leur semble, par ne voir en moi qu'un « grand enfant opiniâtre et incorrigible. »*

J'aurais pu, Messieurs, intituler ce dernier volume « Le Cadran de... Cupido, *» mais il est des esprits inquiets qui cherchent la petite bête sans prendre la peine de se regarder par le gros bout de la lorgnette, et comme il existe en plus — et en nombre aussi peu respectable, — des Agnès ou des Arsinoë qui n'eussent pas manqué de s'appesantir sur l'aiguille de ce* *cadran, jusqu'à offenser la morale, j'ai cru qu'il était de ma dignité de ne pas prêter le dos aux interprétations malveillantes et niaises des impuissants assez malheureux pour avoir oublié sur l'horloge de l'amour l'heure glorieuse de midi.*

Afin de lasser la curiosité des badauds chercheurs de lune en plein jour, et aussi pour mieux me mettre à l'abri du profane vulgaire, j'ai pris et accroché au fronton de mon petit temple ce titre simple et... gracieux — (encore un néologisme inventé par Ménage), — ce titre sans fanfare et sans scandale : « Le Calendrier de Vénus. » Vous n'y trouverez assurément pas les graves dissertations, les lourds chapitres que vous seriez en droit d'attendre d'un homme mûr, adipeux, bardé de grec et de latin et blanchi sous le harnais des sciences stériles, ni même une étude très fouillée et très prolixe sur la fille de Jupiter et de la nymphe Dione, sur celle qu'Énée appelait : Dionœa mater. *— Je ne voudrais point être aussi mythologique, parler, hors de saison, de Pline, d'Horace, de Virgile, de Tacite, de Cicéron ou de Sénèque, pour con-*

clure en m'anéantissant dans une érudition sans grâces, lors même que j'invoquerais Aglæia, Thalie et Euphrosine.

Ce livre est issu de l'écume de ma fantaisie et de la volupté de mes sensations personnelles, comme Vénus est sortie de l'écume de l'onde. A ceux qui se voileraient le visage, je dirai que je ne maçonne pas les remparts de mon âme avec la perfidie et les apparences de la chasteté; je vais volontiers me faire couronner à Amathonte, à Cypre, à Idalie et à Gnide, et je le dis loyalement: les myrthes me sont plus agréables que les lauriers, et si, en faune bragart, je cours après les nymphes roses et friponnes, je ne vais pas avec elles me cacher : sub antro. Le soleil peut me voir et Phœbé en pâlir sans que le moindre vermillon ne vienne cardinaliser mes joues. — Je ne permets qu'aux octogénaires de me blâmer et je leur pardonne, comme on pardonne aux goutteux qui blâment la célérité des autres, car, selon l'auteur des Questions sur l'Encyclopédie, *nous ressemblons presque tous à ce vieux général qui, ayant rencontré de jeunes officiers qui faisaient la* petite joie *avec des filles, leur dit* tout en colère. « *Eh! Messieurs, est-ce là l'exemple que je vous donne ?* »

J'ajouterai, afin de terminer ce discours trop long à mon gré, et sans aucun doute au vôtre, que je vous crois, Messieurs et Petits-Maîtres, trop raffinés et trop sincèrement dégustateurs pour penser que vous puissiez aujourd'hui espérer de moi un long roman bien cousu, brodé sur le canevas d'une aventure mirifique et idéale. — Le temps n'est plus où Bassompierre buvait dans sa large botte et où les courtisans du dix-septième siècle dévoraient l'Astrée. Si j'étais gentilhomme verrier, comme aux beaux jours d'antan, je dédaignerais de souffler ces immenses coupes où s'abreuvent les peuples de Germanie, ces lourds Teutons sans délicatesse, je réserverais mes soins à ces mignonnes cristalleries de Venise, fines comme la dentelle et légères comme un souffle d'amour ; c'est dans les petits verres que se versent lentement les liqueurs les plus exquises, c'est dans les grands que le peuple s'enivre. — Les gros romans grisent brutalement comme ces repas de corps des noces de banlieue, où la grossière gaîté tache la *nappe et éclabousse la nature.* — Loin de nous, Messieurs, ces beuveries écœurantes, ces crevailles d'insipides Grandgousiers sans estomacs; si nous courons à la lippée, c'est en partie fine, dans des petits soupers choisis et bien conçus, sans calbauder ni faire chatte mitte; qui nous aime nous suive! et dussé-je pour ma part m'inviter moi-même comme Lucullus, cet immense incompris, je n'en aurai pas moins grande joie, et penserai, en flaconnant solitairement, que les plaisirs faciles ne se dissipent que trop vite et qu'hélas! ce qui nous vient par la flûte souvent s'en retourne par le tambourin.

Paris, 25 septembre 1879.

*Mémorandum
d'un Épicurien*

MEMORANDUM D'UN ÉPICURIEN

FRAGMENTS ET NOTES AU CRAYON

<blockquote>
Je m'accagnarde dans Paris,
Parmi les amours et les ris.
Bois-Robert.
</blockquote>

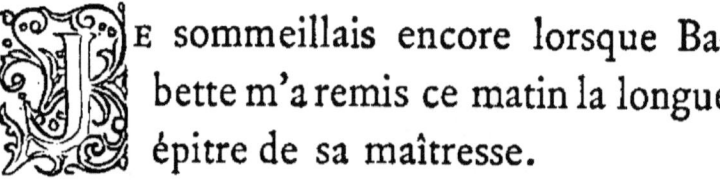E sommeillais encore lorsque Babette m'a remis ce matin la longue épitre de sa maîtresse.

Le soleil filtrait timidement au travers de l'épaisse soie bleue des rideaux, et je berçais avec complaisance ma langueur dans un réveil craintif et caressant. Babette avait les joues fraîches et colorées par les baisers de l'air matinal, elle semblait accorte et bien heureuse de vivre ; l'espièglerie se jouait dans ses narines délicates et nerveuses, tandis que le rire, compagnon de son âge, s'était blotti presque respectueusement aux commissures de ses lèvres humides et roses. Sur le seuil de ma chambre, son pli cacheté à la main, elle n'osait approcher de mon lit — : Qu'est-ce, Babette ? venez çà ; seriez-vous timide, et maître Jean n'était-il point là pour vous annoncer ? — Pardonnez, Monsieur, mais, Madame m'a semblé tenir à ce que je vous remisse moi-même cette lettre ; peut-être y a-t-il réponse, et j'ai cru...

La soubrette s'avança de trois pas, rougissante comme une pêche duveteuse en août, et baissant ses longs cils sur l'azur de ses yeux. — Je pris paresseusement l'enveloppe parfumée et l'ouvris. Babette alors souleva les tentures pour laisser pénétrer le grand jour ; elle eut un mouvement exquis, et se campa comme un page auprès de la fenêtre ; sa légère robe de toile emprisonnait ses larges hanches et modelait sa gorge, tandis que, renversée en Bacchante, rose et frisonnante, un bras en l'air, elle retenait les lourds plis du rideau sombre dans ses doigts mignons et effilés de petite lingère.

Je m'affainéantissais et m'étirais, tout

alangouri dans la tiédeur des draps; des sensations de moite volupté serpentaient lentement dans mon dos; les oreillers battus et chauds avaient des caresses; l'air de la chambre appétait l'union. — Babette cariatide était toujours là; la lumière mettait des points d'or sur les bandeaux crespelés de sa blonde chevelure. La lettre de la baronne tremblait dans ma main, une lutte était ouverte dans mon esprit : l'artiste admirait, le libertin souriait aux sens, le dandy seul en moi protestait;... une camérière, fi donc ! et c'est en vain que mon regard errait sur la lettre de la maîtresse pour s'arrêter toujours à ce torse de Diane, à ce col droit et bien posé sur des épaules aux lignes sculpturales et tentalesques.

Babette !

— Monsieur ?

— Approchez je vous prie.

Le rideau qu'elle soutenait retomba, l'obscurité se fit dans la chambre; le dandysme céda aux désirs du libertinage. La lettre d'amour fut sacrifiée à l'amour même.

— Babette babilla comme un ange; le plaisir n'a pas d'armoiries lorsque la jeunesse et la beauté sont reines chez la créature. La petite colombe fut tendre; elle me donna mille baisers, autant que Lesbie en prodigua jadis à Catulle, et Lesbie, assurément, ne valait pas Babette, qui, en me quittant respectueusement demanda :

Monsieur n'a-t-il pas de réponse à faire à Madame?

Viens la chercher demain matin, ai-je répondu en reprenant à terre la longue épitre de sa maîtresse dans mes doigts qui avaient encore la fièvre des caresses données et le tact des beautés senties.

Quand, cyniquement, avec la bravoure de ma franchise, je racontai le surlendemain à la belle baronne, mon aventure avec la petite Babette, lui détaillant la fraîcheur élégante de ce *tendron*, je vis d'abord sur son visage un mouvement de dépit et comme la sensation d'un violent affront; puis, comme je restais souriant et ironique, elle regarda fixement le bout des branches de son éventail nacré, avec un regard singulier à la fois cruel et doux. Je lui pris la main et, m'approchant davantage à portée de ses lèvres, je me confessai lentement à son oreille, sans me signer dans un acte de contrition inutile et menteur.

Babette ! Babette ! — répétait ma grande amie, tandis que j'enfonçais et piquais comme autant d'épingles, sur la pelotte charnue de son cœur, les mille petits traits de ma fantaisie galante. — « Ma Babette ! une enfant ! est-ce possible ? exclamait-elle ; » ...et son œil suivait dans le vague comme une illusion qui s'envole à tire d'aile.

Jusqu'alors la baronne, devant des confidences de ce genre, conservait une tenue de grande coquette, elle soupirait un « *ingrat !* » plein de caresses et de reproches superficiels, car elle savait qu'en amour, les romans sont plus amusants que l'histoire ancienne, et que les faits divers agrémentent le prosaïsme du journal quotidien. Elle excusait en femme du monde qui sait vivre et aimer, le naturalisme de mes passades; mais, cette fois-ci, il me parut que je heurtais chez elle moins d'insouciance, et je crus lire dans son regard comme un soupçon de féroce jalousie.

Etais-je l'objet de ce sentiment passionné, ou mieux encore, ne se manifestait-il qu'en faveur de Babette? cette dernière pensée se fixa dans mon esprit, évoquant les traits accentués de la tribaderie ancienne et moderne, et les vices les plus mignons du xviiie siècle, — Babette avait, je dus alors m'en souvenir, des manières frisques et policées, et elle montrait un certain ragoût dans la servilité de ses plaisirs. Vénus est bonne institutrice dans son temple de Lesbos, me disais-je; mais depuis la divine Sapho, les hommes ne sont plus si grecs dans l'orchestration des joies discrètes, et je jure Dieu sur les mânes du chevalier de Faublas, que mon inconstance à la baronne ne sera pas comme ces épées à deux mains qui décapitent sottement le bourreau sans effleurer les victimes.

Babette, en me revoyant, a beaucoup ri et un peu pleuré devant le tribunal de mon scepticisme ; le rire ensoleillait la rosée de ses larmes et ses quenottes blanches mordaient, dans un grincement, l'incarnat de ses lèvres épaisses. Elle relevait, pour étancher les perles humides de ses yeux, un coin de son dernier vêtement, avec un mouvement de pudeur impudique qui était l'aveu même de sa beauté. Sur de tels appas, on pouvait fourrager les grâces, et jamais Boucher ne mit sur les rondeurs satinées d'une gorge deux petites fleurs de pêcher d'un rose plus fondant, d'un coloris plus effronté que celles qu'on pouvait cueillir sur le sein de la fillette. Je compris que l'adorable soubrette n'était point créée pour se fiancer à un rustre d'anti-chambre ; l'amour avait sur elle des droits multiples, et les passions brutales devaient épargner pour quelques temps la délicatesse idéale de ces contours radieux. En éveillant la nature de la friponne, j'avais renversé le pot au lait de la réalité ; elle me conta l'histoire de ses sens — car les sens comme les peuples ont leur histoire, — avec l'espièglerie craintive d'un jeune chat; mais l'histoire de ma petite blonde avait à peine un chapitre ; c'était le début original du plus curieux roman qui serait à faire, si les modernes Athéniens ne singeaient pas l'austère morale des Spartiates.

O'Babette, charmant professeur ! comment pourrais-je assez te remercier de m'avoir appris à lire dans la grande grammaire de l'humanité que les femmes qui sont fidèles au masculin ne le sont pas toujours au féminin ? — Depuis cette grave leçon, la pauvre baronne est devenue fière comme une déesse. Lorsqu'après une absence prolongée, je la trouve seule sur sa chaise longue, elle prend une allure de reine amoureuse et, d'un ton préfectoral, mitigé par la tristesse railleuse du sourire, elle soupire lentement avec des regrets accentués : « Nous sommes bien triste, mon doux ami ; on vous désire, on vous appelle ; c'est mal de nous négliger ainsi pour courir après de nouveaux caprices ; et cependant, libertin, qu'on se défend d'aimer alors qu'on n'en peut mais, n'avez-vous pas ici ce qu'il vous faut : de l'amour, des caresses et..... même davantage. »

Presque toujours dans l'antichambre, avec ses grands yeux doux, Babette par son silence m'en disait tout autant.

II

Bien charmants ces quelques vers d'un poëte du XVIᵉ siècle ; c'est l'excuse du *Don-Juanisme* et la variante du *Pâté d'Anguilles* :

> Les plus délicieux ragoûts
> Dont une fois nostre appétit s'éguise,
> Si l'adresse ne les déguise,
> Nous donnent souvent des dégoûts ;
> Le changement réveille, pique, anime,
> Mêmes chardons dégoûtent le baudet,
> Ce qu'un latin par ces trois mots exprime :
> *Natura diverso gaudet.*

Chaque femme n'apporte-t-elle pas à l'homme, qui sait et peut en jouir, son contingent de plaisir ? — Il n'y a que l'amateur de femmes qui soit logique et indépendant ; l'amoureux demeure esclave et sans pratique; il ne sait pas, en donnant à sa maîtresse la crainte de le perdre à d'autres, lui inoculer le désir de le conserver. — L'amour ne vit que d'inquiétudes, de soupçons, d'espérance; il faut y être de sang-froid pour laisser tomber traîtreusement ces sentiments dans un cœur qui vous aime. Un amant fidèle ne sera jamais un *passionniste*. Pétrarque, en affichant une passion sans espoir pour la belle Laure de Noves, se consolait charnellement dans les bras d'une boulangère à laquelle il laissa mieux que des sonnets, des odes ou des canzones; et Gœthe, aussi pervers que Valmont, écrivit ses pages les plus sentimentales sur le dos complaisant d'une maîtresse passagère. — On peut faire du sentiment à la condition de n'en point trop sentir, ou bien encore paraître mourant et platonique à la table de l'amour, en ayant le bon sens de frétailler de ci, de là au banquet des mamoseux plaisirs.

Tous ces pauvres diables qui guitarisent sous des balcons déserts, et qui semblent affamés comme de jeunes lévrons, n'entendent rien à la séduction — à Cythère, on ne prête qu'aux riches ; on fait peu l'aumône aux pauvres, on ne traite que les repus ; — le grand art, c'est de ne rien demander, mais de se laisser tout faire. Les vrais libertins sont passifs, ils ont le dandysme de leur indifférence ; l'imagination est leur propre pourvoyeuse ; ils fanfreluchent leurs sensations, et sont recueillis comme des gourmets en dégustant les plaisirs qu'ils éprouvent. Les femmes ne sont jamais les esclaves que de tels hommes ; devant eux, elles sentent la puissante rivalité des plaisirs passés ou des joies futures, elles concourent pour prendre place dans un souvenir, et elles déploient toutes les complaisances, toutes les ruses, toutes les habilités qu'elles peuvent inventer, semblables à un Vatel qui s'ingénierait à découvrir des sauces merveilleuses propres à flatter le palais blasé d'un royal convive.

Montaigne disait : *que sais-je ?* et Rabelais :

peut-être ! — Le petit maître amateur et consommateur de femmes est aussi raffiné, il pense comme ces grands maîtres, mais sa devise est plus décourageante ; il la laisse tomber avec un souverain mépris, c'est le gant de l'indifférence et de l'impassibilité jeté aux grandes passions ou aux fantaisies vulgaires ; cette devise, éperon d'acier de la galanterie suprême, c'est : *à quoi bon !* ou bien encore : *que m'importe !*

Toutes les femmes le ramassent ce gant ; il provoque à la lutte : *que m'importe*, c'est une injure à leur beauté : *à quoi bon*, c'est un défi à leur savoir faire. — Achille n'était vulnérable qu'au talon ; les fières amazones veulent connaître le défaut de la cuirasse de ces superbes indolents ; elles se croient habiles à l'escrime d'amour ; leur vanité est en jeu : que ne feront-elles pas ? Elles videront le carquois de Cupidon jusqu'à la dernière flèche, mais si elles ont pour partenaire un beau joueur, un homme volontaire et hautain, elles se rendront corps et âme à la discrétion du vainqueur, qui, non moins généreux qu'Alexandre à l'égard de Darius, les traînera un jour à son char, sans prétendre les esclaver par des chaînes éternelles.

C'est faire trop d'honneur à la nature humaine, disait Saint-Evremont, que de lui donner de l'uniformité. — Ne peut-on pas ajouter : c'est faire trop grande injure aux femmes et à l'amour que de leur accorder de la constance. — Dans un évangile fantaisiste, d'après un galant écrivain, Dieu a dit aux hommes : « Les coteaux sont couverts de vignes, les femmes sont pleines de roses, les oiseaux chantent dans les bois : écoutez, moissonnez, vendangez. » Aux femmes, Dieu a dit : « Laissez cueillir les roses, elles refleuriront sans cesse, » et les femmes ont toujours suivi la parole de Dieu.

L'amoureux fait fleurir les roses, le libertin les effeuille, les distille et s'en parfume à bon escient; celui-là, au printemps de la vie, se laisse asphyxier follement par elles; celui-ci, plus pratique, les conserve et en évoque les exquises senteurs, avant même que la bise soit venue ou que les frimas aient passé sur sa tête d'archiviste des grâces et de mémorialiste de la beauté.

III

Tache sombre, jour néfaste à marquer sur mon coquet calendrier de Cypris.

Je la rencontrai après un étincelant dîner d'amis, elle marchait crânement, comme seules savent marcher les parisiennes, avec une allure gracieuse et caressante; ses souliers mignons me parurent enfermer le divin pied d'une Fanchette, tandis que ses talons Louis XV, cerclés d'or, battaient avec un son mat l'asphalte du trottoir.

Peut-être avais-je le cerveau quelque peu coiffé de champagne, peut-être aussi la plénitude heureuse de ma digestion me portait-elle dans l'œil le monocle de l'indulgence; je ne sais trop, mais je me sentais en veine de gaillardise, l'habit faisait valoir la poupée et, nouveau Faust, je cueillis cette Marguerite de carrefour au sortir du cabaret. — Je pris cette fille comme on s'asseoit au café, sinon pour siroter un grog, du moins pour voir défiler les badauds. Sur la contrefaçon de la carte du tendre, le pays galant représente des promenades extérieures où défilent les spécimens des vices les plus divers, pour peu que l'on sache les faire sortir de l'étrange tanière des souvenirs où ils sont blottis.

En entrant dans sa chambre, j'éprouvai le même écœurement que si je me fusse sali salaudement. La pièce, assez vaste, était tendue d'un vilain papier à fond rouge, semé d'énormes fleurs grises ; une tapisserie de vieil hôtel de province. L'armoire à glace à trois corps, en palissandre ciré, se dressait contre la paroi qui faisait face à la cheminée de marbre gris, et d'antiques fauteuils en velours nacarat traînaient sur le tapis ponceau rapé, semblable au drap blanchi d'un billard. Au fond, dans l'alcôve, le lit — élevé comme un autel à Vénus Pandemos — un lit étagé par trois matelas et recouvert d'un surtout en fausse guipure, au travers de laquelle apparaissait le blanc douteux des draps mous, chiffonnés, frippés, torchons encore chauds d'une sale cuisine de gargote d'amour. — Tout cela à l'entresol, en pleine rue Lafitte.

Je restais silencieux, pris de honte ; le dégoût me serrait à la gorge.

La fille ôta ses gants, retira son chapeau, ouvrit son corsage avec des lenteurs accablées et des nonchalances d'abrutissement. Son corset qui tomba, oppressait sa taille, et marbrait de filets rouges le jaune bilieux de sa peau ; ses bas de soie bleue étaient tirés sur des maigreurs déplorables, et le petit pied de Fanchette était déformé et meurtri. Dans cette mise à nu d'un corps sans ressorts voluptueux, il suintait comme d'un mur d'égout une humidité de vice malsain et des larmes visqueuses de débauche.

Elle voulut me passer autour du cou ses bras arrondis, mais je reculai comme au contact froid d'un serpent. — Depuis quelques instants elle me contait l'emploi de ses journées, l'amabilité généreuse des hommes de bourse, avec le cynisme du débraillé et l'argot spécial des virtuoses de la galanterie. — Je la questionnais tristement, sans avoir le courage de jouer les *Desgenais* vis-à-vis de cette cabotine de l'amour aussi repoussante qu'un ulcère qui se découvre alors qu'on voudrait le cacher. Lorsqu'elle essaya d'œillader plus tendrement et qu'elle tenta de m'exciter avec la banalité du sourire aux caprioles priapesques, je fis un mouvement vers la porte; l'image gracieuse et folâtre de mes tant gentes maîtresses, tous ces babouins frais et délicats me revinrent en mémoire. — Pousser plus avant cette aventure à bon marché, c'eut été non-seulement me souiller, mais bien mieux faire affront à mes principes et tirer ma poudre aux chauves-souris des sentines.

Que pouvait m'offrir cette gamelle, à moi le repus, qui, dans les plus fins soupers n'arrive qu'au dessert? Qu'aurai-je pu trouver d'inédit dans cette prostitution? Les courtisanes ont trop connu d'amants pour avoir appris les délicatesses du libertinage ; ce sont les cuisinières des restaurants à bas-prix qui triturent salement un mauvais *ordinaire*. Elles sont prudes et bégueules pour tout ce qui sort du convenu afin de rentrer dans les convenances personnelles ; les grandes routes n'offrent pas d'ombrages, on ne s'égare que dans les sentiers isolés, l'amour est un art en dehors du vulgaire, chacun croit le comprendre, très peu le pratiquent. — Les vrais buveurs soignent eux-mêmes leurs vins, et les cavaliers sérieux dressent leurs cavales ; ainsi font les rois de Cythère : ils aiment apprendre à lire à leurs sultanes dans le rarissime manuel des voluptés complexes.

Je me donnai donc la joie de payer le repos d'une nuit à cette infortunée servante de Vénus, sans prendre le temps de récolter les accolades de sa gratitude. En refermant la porte je l'entendis pleurer — le vice a quelquefois fait ses humanités ; — ô chimistes-philosophes, qu'y avait-il dans ces larmes de pauvresse ?

IV

Dans le *Drawing room* de Miss Georgina, j'ai relu par deux fois, avec la plus grande attention, cette singulière annonce du *New-York times*.

Une dame, ayant divorcé deux fois, et ayant constaté par expérience combien ces sortes de séparations sont cruelles, désirerait convoler une troisième fois. Son nouveau mari pourrait lui en faire endurer beaucoup, et être certain qu'elle ne se séparerait pas de lui.
Ecrire aux initiales *J. C. W., 31, Wall street, New-York*. Il sera répondu par un envoi immédiat de photographie.
La dame qui fait l'objet de cette annonce est grande, forte, et soulève *volontiers* de lourds fardeaux à bras tendu. Dents éclatantes de blancheur. Complexion tendre.
On demande un gentleman de quelque fortune, élégant, distingué, petit et blond ; on le préférerait dans le commerce des huiles minérales.
Ecrire par lettre affranchies.

Miss Georgina, accoudée derrière le fauteuil, pendant cette lecture faite à haute voix, riait de ce joli rire guttural spécial aux anglaises, et dont la fraîcheur et la vibration argentine rappellent le son des clochettes dans l'air pur du matin.

Cela n'est point si ridicule, hasardai-je, en conservant un sérieux très britannique, je vois même toute la poétique future des convenances matrimoniales, dans cette hardie déclaration de la dame *New-Yorkaise*...., et je répétais en scandant les mots, comme pour bercer un rêve d'avenir : « *Dents éclatantes de blancheur, complexion tendre..... On le préférerait dans le commerce des huiles minérales !* »

What a Pity ! soupira Miss Georgina qui ne riait plus, — mais toujours pensif sur le fauteuil et pour énerver cette naïve nature blonde et rose, je lisais de nouveau avec une affectation réelle : *un gentleman de quelque fortune, petit et blond !* Hélas ! Miss, je ne suis ni blond, ni petit ; *elle* est *grande, forte et soulève volontiers de lourds fardeaux ;... volontiers !.* C'est l'idéal, et mon *Byronisme* en tressaille !

Tout le ridicule de ce trivial soliloque dont une française eût haussé les épaules en souriant, produisit un singulier effet sur la sentimentalité positive de Miss Georgina. Elle fit quelques pas dans le salon, réunit deux siéges dos à dos parallèlement ; dans un joli mouvement fiévreux, elle releva sa longue chevelure d'or, haussa ses manches, et avec la lenteur d'un gymnaste consommé ou l'adresse puissante d'un clown, je la vis s'élever perpendiculairement, à la seule force des poignets, sur le dossier des chaises, et y exécuter des rétablissements prodigieux, tantôt sur un bras, tantôt sur l'autre, me montrant, dans la complaisance de son rire heureux, ses petites dents blanches et serrées.

Puis, après ce viril enfantillage : « *My Darling*, dit-elle toute frissonnante et l'œil scintillant de fierté en venant m'embrasser sur le front, votre grande et forte américaine en ferait-elle tout autant ? »... C'est à peine si, dans mon saisissement, je puis lui répondre : « *I don't think so, my sweet heart.* »

Comme je préférais cette démonstration gymnastique à la sentimentalité, aux crises nerveuses, à la tristesse pitoyable de tant d'autres maîtresses !

V

Quel adorable petit conte je découvre dans la *Bibliothèque des petits maîtres!* c'est une simple nécrologie, chef-d'œuvre du genre affadi. Je transcris cette littérature au pastel :

« Monsieur l'Abbé de Pouponville était poupon dans tout, il naquit pouponnement dans une coulisse, d'une pouponne de l'Opéra et du célèbre chevalier de Muscoloris, Seigneur de Pomador, Ambrésée et autres lieux. Il était pétri de grâces. Il naquit ce qu'il devait être. A peine avait-il deux mois, qu'on remarquait déjà dans ses gestes enfantins un bon goût exquis ; il tettait si gentiment, si mignonnement, que c'était un ravissement pour sa nourrice : toutes les femmes qui le voyaient tetter lui auraient volontiers donné leur sein a sucer, suçotter, caresser ; s'il pleurait, c'était avec une grâce infinie ; s'il criait, c'était avec une douceur même, une espèce de mélodie cadencée dont le charme délicieux passait jusqu'au cœur. Alors un déluge de prâlines et de bonbons de toutes sortes l'inondaient de toutes parts. Il était choyé, caressé, dorlotté, baisé, léché, presqu'étouffé. Dès l'âge de dix ans, ces qualités précieuses commencèrent à se développer. — Quelle vivacité! que d'esprit! que d'agréments! quelle bouche pour sourire et mignarder! quels yeux pour languir et brûler! Sa mère résolut dès lors d'en faire un présent à l'Opéra ou de le *jetter dans l'Eglise.* Il fit ses études avec une rapidité incroyable. La lecture d'*Angola*, de *Bibi*, des *Bijoux indiscrets*, du *Sopha*, des *Matinées de Cythère* et autres livres orthodoxes, lui apprirent autant de Théologie qu'il en faut pour triompher des cœurs dans les ruelles. Aussi fut-il bientôt en possession de subjuguer toutes les femmes. On ne saurait croire combien un petit collet donne d'accès auprès du sexe. — Avec un rabat de la première faiseuse, un teint miraculeux, des yeux de la plus vive expression et jouant à merveille l'attendrissement, l'air et le ton de l'extrême bonne compagnie, une voix perlée, flûtée, des lèvres d'un incarnat et d'une fraîcheur à faire envie, un *assassin* placé dans les règles les plus étroites de la mode; quelle vertu ou plutôt quelle fausse pruderie aurait pu se soutenir et résister à des armes pareilles ? Enfin, lorsqu'échappé d'un tête-à-tête galant, il montait dans la chaire de vérité, il avait l'air d'un chérubin adonisé. — Un texte, pris des endroits les plus voluptueux des cantiques, annonçait un exorde délicieux suivi d'un discours en deux petites parties aussi lestes que divinement bien tournées. Il était couru de toutes les femmes du bon ton. La morale qu'il leur débitait était celle des poètes et des romanciers, déguisée sous une nuance légère de spiritualité.

Il peignait tout en mignature, jusqu'à l'enfer et au péché. Il nous reste encore quelques sermons de cet apôtre à blonde chevelure ; ce sont la vie et la conversion de Madeleine avec ce texte : *osculetur me osculo oris sui*, qu'il me donne un baiser de sa bouche ; — la Samaritaine : *introducet me in cubiculum suum,* il me fera entrer dans sa chambre ; — la femme adultère : *amore lingueo,* je languis d'amour. — Ces trois sermons sont des petits chefs-d'œuvre de galanterie exquise. Toutes ses phrases respirent le souffle léger de la volupté ; aussi toutes les petites maîtresses s'écriaient au sortir du sermon : ce Pouponville est un prédicateur divin ! un organe insinuant, des gestes à ravir ! un air mouton, un sourire supérieurement fin, un persiflage décent tel qu'il convient aux gens du beau monde ! des descriptions d'un gracieux, d'un exquis à faire pâmer ! s'il prêchait plus souvent, il ferait déserter tous les spectacles. Non, je n'ai jamais eu tant de plaisir à l'Opéra qu'aux sermons de cet aimable Pouponville.

C'est de lui que nos jeunes abbés ont hérité des belles manières qui les distinguent ; la coutume de se faire coëffer à double et triple rang de boucles ; de se parfumer pour remplir l'auditoire de leur bonne odeur ; de prendre un morceau de sucre candi ou de pâte de guimauve au bout de chaque période un peu longue, afin de conforter leur poitrine fatiguée, d'avoir un mouchoir ambré qu'on laisse tomber au moins deux fois par séance pour voir l'empressement des femmes à le ramasser, de promener amoureusement ses regards sur une assemblée brillante de beautés à demi voilées, pour se concilier leur attention.

En un mot, c'était un phénomène digne d'être proposé pour modèle aux élégants de tout genre et aux amateurs des beaux airs et des manières gentilles; aussi avait-il fait une étude sérieuse de ce qu'on appelle bon ton, fatuité, élégance, papillonnage. On voit, par quelques feuilles manuscrites qu'il composait à sa toilette, combien profondément il avait réfléchi sur ces grands objets.

Cependant la prédication lui fut très fatale. Un horrible *vent-coulis*, venu d'une porte inexactement fermée, lui ôta tout-à-coup la voix et la respiration. Un pli qu'il aperçut à son rabat lui donna de nouvelles vapeurs qui le firent malade à périr. Il s'évanouit : pour le faire revenir, on eut l'incongruité de lui présenter de *l'eau de la Reine* qui ne venait pas de chez la Petite Marchande, la seule qui put en avoir de bonne. Ce troisième coup le bouleversa. Enfin, pour comble de malheur, un malotru de médecin, habillé comme aurait pu l'être Hippocrate ou Gallien, en habit noir et sans dentelles, vint lui tâter le poûls. Il ne put digérer ce trait de la dernière maussaderie; le cœur lui souleva : et notre damoiseau rendit son âme mignonne en demandant si l'on avait apporté ses souliers brodés, sa ceinture à glands d'or et la nouvelle façon de mouches, qu'il avait fait demander chez du Lack. On l'ouvrit, on ne lui trouva ni cervelle ni cervelet ; une légère quantité d'une substance neigeuse et fondante au moindre trait lui en tenait lieu. Toutes les fibres et fibrilles du cerveau étaient d'une ténuité, d'une finesse, d'une exilité bien au-dessus de celle d'un fil d'araignée. Son cœur, un peu au-dessous de la grandeur ordinaire, avait les deux branches de l'aorte extrêmement étroites : les anatomistes attribuèrent à cette contraction la facilité prodigieuse qu'avait notre Adonis *à vaporer*, s'évanouir, défaillir, périr presqu'à chaque moment. Son sang ressemblait à l'eau rose, et sa chair était tendre et délicate comme la substance des Zéphirs.

Il fut regretté des femmes ; les petits maîtres perdirent avec une joie maligne un rival aussi formidable. Un adepte de ses élèves lui fit ériger par reconnaissance un mausolée élégant. C'était une table de toilette richement garnie et très élégamment décorée de bougeoirs, de miroirs, de boîtes, de bijoux, de pâtes, de parfums, de rouge, de blanc, d'éponges, d'eaux de senteurs, etc. On y mit cette épitaphe :

> « *Ici repose mollement,*
> *Dessous cette tombe mignonne,*
> *L'arbitre du raffinement ;*
> *Dont l'air, le cœur, le nom et la personne*
> *Respiraient tous un doux pouponnement.*
> *Il avait l'âme si pouponne*
> *Qu'il pouponna des romans, des chansons,*
> *Et même aussi de fort jolis sermons.* »

Ainsi finit cette délicieuse oraison funèbre de Ange Rose-Farfadet, abbé de Pouponville, le mignon des grâces, la perle des petits-maîtres, l'élixir de la galanterie, la coqueluche des femmes et la quintessence de la gentillesse. Je devais exhumer, pour les relire de temps à autre, ces quelques pages malicieuses qui dégagent un parfum capricieux comme une boîte de pastilles à l'ambre. — Que de Pouponville rencontre-t-on aujourd'hui qui ne vont pas à mi-corps du cher petit abbé que nous venons de mettre en lumière. — C'est cet émule des Cléon et des Dorival qui laissa après sa mort ces quelques notes inimitables :

Aujourd'hui j'ai lorgné et relorgné 304 femmes au spectacle ; le reste n'en valait pas la peine ; encore je n'en ai remarqué aucune qui méritât qu'on fît une démarche. On est malheureux d'avoir le goût si superfin !

Il y avait longtemps que les hommes faisaient les avances. J'ai mis les femmes sur le pied de jouer ce rôle à leur tour. C'est à mes confrères de les y maintenir. — *Je réponds de moi.*

Ne voir et n'avoir une femme qu'une fois, *une seule,* quelque divine et miraculeuse qu'elle soit, c'est une maxime dont je me trouve bien. Je les laisse toutes sur la bonne bouche et toutes sont folles de moi à en mourir, — mais plus jamais je ne leur accorde la moindre faveur.

Le médecin céleste que Pamoisor ! Il a guéri ma levrette grise et mon perroquet Amazone. Je veux lui donner un bijoux précieux. C'est le portrait de ma dernière maîtresse d'hier. — Qu'en ferais-je aujourd'hui ?

VI

Pendant tout le temps que dura le dîner, ma trop charmante amie, Mme ***, fut effrontée comme un petit page et libertine comme la fameuse marquise de Merteuil.

Nous étions six au plus, tous littérateurs, sans compter le mari : un hors-d'œuvre, maigre comme une sardine, pointu comme un radis, dur comme une rondelle de saucisson d'Arles.

Elle m'avait placé à sa gauche à table ; Ménélas faisait vis-à-vis.

Mon Hélène était prise à ravir dans un merveilleux fourreau de satin noir, décolleté à souhait pour le plaisir des yeux ; j'entendais la soie craquer sous les frissons nerveux que lui faisait éprouver le langage éloquent de ma bottine, et je me mordais les lèvres pour ne pas pousser des petits éclats joyeux, lorsque sa main mutine folâtrait en s'attardant sur un point chatouilleux de mon genou. — Au dehors la pluie tombait ; l'atmosphère de la salle, tiédie par la lumière des candélabres, était imprégnée du fumet des truffes, du bouquet des vins et de l'arôme capiteux des caissons de foie gras. — J'éprouvais un affaissement, une mollesse, un besoin d'abandon, une certaine chaleur de digestion contrariée qui évoquaient le boudoir et le confort des divans profonds ; j'aurais voulu pouvoir dégrafer, délacer, déchirer des étoffes ou mordre des batistes : des perles humides et chaudes scintillaient sur les pores de mes mains ; les convenances m'empalaient sur mon siége.

Elle, la perfide, avec le don d'ubiquité

qui semble donné aux femmes du monde et également au monde des femmes en général. Elle, souriante pour tous, aimable pour chacun, polissonne à mon égard, distribuait ses grâces et me réservait sa grâce; elle, maîtresse de maison et maîtresse en mon cœur, avait l'œil à tout et n'avait un regard que pour moi. — O créatures complexes qui savez et pouvez vous isoler, vous donner à un seul et vous gaspiller à l'humanité tout entière dans le même instant! O filles de Vénus, fées capricieuses et insaisissables, alors que vous vous êtes implantées par amour dans l'âme de votre amant, votre beauté vous prostitue aux désirs, aux rêves licencieux, aux fantaisies paillardes, aux embrassements convulsifs, dans l'imagination des mâles hardis qui vous contemplent.

Est-il une femme qui soit restée vierge du désir d'autrui! — Peu importe, après tout, si le regard altéré et absorbant de l'ivrogne qui me boit des yeux, me fait trouver meilleur le vin que je porte à mes lèvres; je me mets d'accord avec la trivialité du vieux proverbe : lorsque mon verre est plein je le vide, lorsqu'il est vide je le plains.

Elle avait une rose écarlate plantée glorieusement dans l'échancrure de son corsage, entre la double colline tant chantée par tant de poètes maupiteux et malingres. A un moment, lorsqu'elle se pencha pour porter un toast, elle calcula si gentiment son mouvement, que brusquement mes lèvres cheminèrent dans la vallée du Pinde et je respirai moins la fleur que le parfum singulier de sa peau qui me fit passer dans la tête comme un vertige de rut.

Le mari, aimable et bonasse, dans un langage pompeux critiquait Jean-Jacques et *La Nouvelle Héloïse* sur ce thème : « *Aidé de la sagesse, on se sauve de l'amour dans les bras de la raison ;* » et moi, je répétais doucement ce début de la lettre XIV à Julie : « Qu'as-tu fait, ah ! qu'as-tu fait, ma Julie ? Tu voulais me récompenser et tu m'as perdu. Je suis ivre ou plutôt insensé. Mes sens sont altérés, toutes mes facultés sont troublées par ce baiser mortel. Tu voulais soulager mes maux ? cruelle, tu les aigris. C'est du poison que j'ai cueilli sur ta gorge; il fermente, il embrase mon sang, il me tue. »

... — Rousseau, concluait Ménélas, a toujours préféré les paradoxes aux préjugés, et puis, reconnaissait-il seulement ses enfants ? — Les mœurs, Messieurs, comme le disait Restif de la Bretonne, peuvent être comparées à un collier de perles : *ôtez le nœud, tout défile.*

Pardieu ! je crois bien. — Sous la table, les doigts fluets de ma spirituelle voisine s'égaraient de plus en plus dans des caresses cupidiques.

Comme nous nous rendions au fumoir, précédés de l'*Anti-Rousseau*, étant le plus jeune, je restai le dernier ; elle était près de la porte, et lorsque je passai, je reçus le péage. — Avec une étrange bravoure devant un danger possible, elle m'entoura par derrière le col de ses bras nerveux et me planta crânement un baiser sur la nuque, près de l'oreille, en me confirmant à voix basse le rendez-vous du lendemain. Je me cabrais sous l'éperon des désirs qu'elle faisait naître et que je ne pouvais anéantir dans sa possession.

Pendant qu'elle allumait mes sens, le mari m'offrait un cigare, à l'aide duquel j'endormis mes révoltes aussi doucement que l'on berce un enfant criard au berceau.

La conversation s'anima dans cette intimité d'homme à hommes. Le grand et terrible critique Z..., appuyé au chambranle de la cheminée, superbe comme Byron, massacrait de pauvres diables d'écrivains en les criblant d'épigrammes cruelles. Ses bons mots verveux pétaradaient comme une gerbe de fusées dans un jeu pyrique ; il mitraillait les Philistins des lettres sans pitié, avec une furia de mousquetaire triomphant et sûr de ses coups.

— Mordieu, mon cher, quel superbe franc-archer vous êtes, lui disais-je, surpris de la justesse de ses traits piquants et aciérés.

— Que voulez-vous, me répondit-il en se campant le buste en avant, j'ai tellement reçu de flèches dans ma vie que je suis devenu carquois ; je retourne les traits qui m'ont été décochés si souvent mal à propos, et je tâche, moi, de ne pas manquer ceux que je vise. — Au reste, poursuivit-il, chacun suit son étoile, et je crois aux signes du Zodiaque : je suis né *sous le Sagitaire*, — et vous ?

— Septembre m'a vu naître, ainsi que dirait un romancier du premier Empire, mais j'ignore les fameux signes du calendrier, — sauf ceux du *Calendrier de Vénus*.

— Septembre ! — c'est *la Balance*, mon ami ; pour tout le monde ce serait la justice, mais pour vous, c'est mieux encore, et vous ne pouvez en nier l'influence : c'est l'art parfait de balancer les femmes sur les légers plateaux de l'inconstance. Demandez plutôt à notre hôte.

— Peut-être bien, dit Ménélas. — Ainsi, je suis né en décembre, le jour de la Saint Jean ; quel est mon signe ?

— Décembre ! — *le Capricorne*, mon cher,

et je vous en félicite, répondit avec une superbe ironie le grand critique, — vous, un homme paisible, qui s'en serait douté ? — Mais, chut ! voici votre femme.

Le pauvre homme avait le sourire le plus gaillard du monde; l'amour n'est pas le seul à porter un bandeau, les maris ont souvent une visière de cuir comme l'aveugle du Pont-des-Arts, mais ils ne s'aperçoivent pas toujours qu'ils se mettent à deux pour jouer sur la même clarinette, l'un y fait les *canards*, l'autre y roucoule des mélodies.

VII

Rien n'approche de l'ennui que donne une passion qui dure trop, dit Saint-Evremont, avec un jugement sage et profond. Il y avait plus d'un mois que je mitonnais les mêmes plaisirs avec miss Mary; c'était esquisser un bail d'amour, et je devais donner congé à demi-terme si je ne voulais pas me manquer à moi-même, ce qui eut été la plus grave des impolitesses. — L'adage prétend qu'*une maîtresse de perdue, dix de trouvées*, mais la logique affirme qu'*une maîtresse de gardée, dix de perdues*, et Mary ne valait assurément pas la peine que je perdisse les faveurs des plus jolies petites reines de la création. Un Vauvenargues quelconque a écrit quelque part : « Nous méprisons beaucoup de choses pour ne pas nous mépriser nous-même. » C'est absolument ma pensée. N'aimer qu'une femme, c'est se mépriser; en aimer plusieurs, c'est en mépriser beaucoup mais se redresser dans sa propre estime, d'où je conclus qu'une petite femme aimée était un lourd fardeau, et qu'il était urgent pour moi de changer à la banque de Cythère ma grande passion pour une menue monnaie de petits caprices à gaspiller à pleines mains sur la roulette de la bonne fortune.

Mary était une charmante aventurière voluptueuse et fière, pleine de jeunesse, de gaité et d'insouciance; l'esprit de Sophie dans le corps de Musidora. Ses yeux introuvables cherchaient l'étrange jusque dans la jouissance : je la jugeais dangereuse pour un homme à imagination dépravée. Je résolus donc de rompre gentiment avec elle dans une petite fête intime et je l'engageai par lettre à faire abdication de notre amour devant un spirituel flacon d'Aÿ.

Elle accepta par ce triste sonnet plus mémorable que parfait dans sa forme et sa correction.

Est-ce une épître funéraire,
Ou le billet doux d'un viveur ?
Malgré sa verve cavalière
Ta lettre m'a fait froid au cœur.

Est-ce ainsi qu'il faut qu'on enterre
Ce pauvre amour au ton moqueur
De ton verre heurtant mon verre,
Chez un fameux restaurateur ?

Puisque tu le veux, chez Vachette,
Au bruit banal de la fourchette
Et des stupides calembours,

Je serai ta digne compagne
Et nous noirons dans le champagne,
Ce qui reste de nos amours.

A dix heures du soir après le dernier verre d'un pétillant Cliquot, nous chantions le *De profundis* sur le cadavre alcoolisé de notre passion ; — à onze heures j'attendais à la sortie d'un petit théâtre de genre, une blonde enfant, cabotine d'opérette, qui remplissait mieux son maillot que ses devoirs. — L'hygiène du cœur consiste à y établir des courants d'air amoureux, sans y laisser stationner les miasmes d'une maladie de langueur. On peut permettre à une femme de se jeter par la fenêtre pour ouvrir la porte à une autre aussitôt, sans que les regrets, ces huissiers minutieux, aient le temps d'inventorier les doux souvenirs des temps qui ne sont plus.

Entre Mary et la jeune *prima donna*, le contraste était grand, mais aucune n'avait le désavantage ; tout se compensait : à la belle Impéria succédait la mignonne Régina; c'était la chatte qui se blottissait dans l'antre de la lionne et pour achever cette comparaison naturaliste, je pensais au joli mot si profond de Mlle Arnould : « Une souris qui n'a qu'un trou est bientôt prise. »

J'ai reçu une longue lettre de Mary, encore dans les bras de Nanine, ma petite commère de revue; je me suis donné le plaisir de la lire doucement, en jouant avec les longues torsades de cheveux de ma nouvelle maîtresse : — « quand je t'ai quitté hier, mon ami, disait la lettre, quand brusquement séparée de toi, j'ai été rappelée à la réalité de notre situation, j'ai senti, je t'assure, un vide profond, quelque chose comme un déchirement intérieur ; je suis rentrée chez moi, les yeux secs et le cœur gros ; alors, j'ai relu tes lettres, sans y trouver hélas ! ce que j'y cherchais. Homme insaisissable, j'ai dû me rappeler les premiers moments de notre liaison, certains éclairs lumineux où tu étais peut-être *toi*, et comme après tout il est toujours pénible de perdre une illusion, si légère soit-elle, je le confesse, j'ai pleuré. »

— *Il fait faim,* disait Nanine au lit, en étirant ses bras de caillette sur les guipures de l'oreiller.

J'embrassai vivement son petit visage chiffonné par le sommeil et l'amour et continuai ma lecture :

— « N. I. ni, c'est fini, mon pauvre cher ; nous allons donc être amis, rien qu'amis, ce sera original du moins, si c'est peu vraisemblable ; j'ai la mort dans l'âme, mais pour te plaire encore, je prends mon papier couleur de printemps, ce papier cuisse de nymphe émue que tu aimais tant aux quelques jours fugitifs de nos fugitives amours. Nous allons sortir du prévu, du convenu, de l'ordinaire ; nous serons amis, rien qu'amis ; pour un mangeur de cœurs comme toi, pour un franc-buveur d'inoubliables voluptés, pour un sceptique qui se retire alors qu'il parait se donner, le changement sera peu sensible. Combien de pauvres amantes n'as tu pas mises aux invalides de ton amitié ? — pour moi je me rends, mais ne désarme pas ; quelque beau jour un caprice nous réunira, nous jaserons comme de vieux camarades, et puis, tout à coup, ma foi, sans nul songement, comme tu as vingt six ans et que j'ai, dis-tu, du sang de succube dans les veines, nous oublierons l'amitié, la morale, les convenances, notre pacte, l'heure qu'il est, le temps qu'il fait

et un formidable coup de canif sera donné
— Oh! ne dis pas non — à ce curieux et féroce contrat amical que tu as rédigé toi-même. »

— Fi! Monsieur l'impoli, continuait Nanine; vous lirez votre lettre plus tard; Dis moi Mimi : quelle heure est-il? Il ne faut pas que je manque ma répétition, le régisseur est un vilain gros singe; je serais à l'amende, mon bon chéri.

La lettre de miss Mary se terminait ainsi :
— « Ne crains pas cependant que je veuille renouer des liens amoureux ; nous éprouverons l'un et l'autre plus de plaisir à nous voir, parce que tu ne seras pas mon amant, *un mot bête* et que je ne serai pas ta maîtresse, *chose banale*. Je rêve néanmoins de m'éveiller encore un matin dans certaine alcôve mystérieuse tendue de soie noire, parsemée de boutons de roses, où j'ai cru follement avoir été aimée et où je suis certaine d'avoir aimé. Mais je vous quitte : — un mot, un petit mot, mon bon monsieur, pour l'amour de notre amitié. »

— Ma jolie cabotine s'était rendormie et

songeait à des couplets de Clairville et à des collants mi-partie. — Je n'ai jamais tant aimé la femme à travers les femmes et les maillots roses au travers des bas bleus.

Nanine est une créature tout bêtement exquise; une tête façonnée par une manière de satyre tombé en enfer; elle met très au juste l'orthographe, parle en fillette de douze ans et possède des pattes de mouches à faire revivre tout un ancien vaudeville. Elle joue avec ma chatte, sur les tapis, des heures entières en poussant des cris adorables de gamine en récréation ; elle sauterait à la corde si elle pouvait. Elle rit, elle pleure, elle chante toujours aussi gaiement; c'est un rayon de soleil fait femme : quand elle boude, sa petite moue est réjouissante ; quand elle aime, c'est un concert produit par les grelots de la folie. Elle a toutes les complaisances, toutes les impudeurs, toutes les délicatesses heureuses; jamais gauche, toujours coquette, c'est une petite maîtresse d'étagère ; elle papillonne dans mon intérieur sans faire ombre à ma vie, sans arrêter le vol de mes pensées, on lui jette des images sur lesquelles sa vue se pâme ; elle lit Pigaut-Lebrun ou Paul de Kock en faisant vibrer sa joie ; et parcourt seulement Musset, car sa naïveté charmante se refuse à interpréter *Les Nuits*, *Rolla* ou *le Secret de Javotte*, peut-être sourit-elle à *Mimi Pinson*, mais il y a encore trop peu de distance de la coupe à ses lèvres. — Elle babouine plutôt qu'elle ne parle.

Si je la mène à la campagne, Nanine embellit la nature ; elle arrive comme une aurore de printemps, le matin, joyeuse et sautillante, heureuse de courir dans l'herbe et de fripper ses jupes et ses volants dans le brouhaha des gares. — Dans les champs, une poule est une révélation, un petit poussin un joujou japonais ; elle va, vient, lutine les chiens, grimpe aux arbres, fait jouer l'aviron des canots ou cueille, baignée de lumière et de grâces, des coquelicots et des bluets qui font valoir sa fraîcheur délicate de fille d'amour.

Nanine a dix-huit ans et joue avec son cœur comme avec un hochet. Connaît-elle le prix des baisers qu'elle me donne à toute heure, à tout instant, à chaque seconde, quand ses fins cheveux Van Dyck au vent, étourdie comme un hanneton, le regard espiègle, le nez coquin, le menton marqué d'une fossette polissonne, elle applique ses lèvres fraîches sur mes lèvres avec l'enfantillage d'une passion qui s'ignore ?

Je puis tromper Nanine, sans qu'elle en prenne ombrage. Au reste lorsque la cage est peuplée d'oiseaux qui gazouillent, les chats rentrent leurs griffes et écoutent. Don-Juan n'aurait que faire de briser ce petit cœur d'agnelet. Il n'y a que les rustres qui dénichent les nids; les vrais chasseurs ne tuent point les rossignols.

Revu la triste Mary, ce soir, chez moi, un mois après notre rupture. — Tout d'abord un grand froid, puis une conversation amicale à la turque sur des coussins jetés à terre.

— Retour sur le passé. — Nous égrenons sur le tapis tous les souvenirs d'autrefois ; elle, avec une amertume visible, moi, avec une froideur marquée. — Il me déplait d'exhumer des sensations mortes ; elles ne revivent jamais avec la même expression. Dans le cœur d'un jeune homme, ces sortes de cadavres sont toujours trop légèrement enfouis ; alors qu'on peut encore agrandir son cimetière d'amour, il faut laisser au temps le soin d'achever son œuvre. La vieillesse impuissante retourne ce champ de repos ; le présent est chargé de meubler l'avenir, ce n'est que lorsque le feu est éteint qu'on peut remuer des cendres.

Mary fit des prodiges de diplomatie passionnée ; elle essaya, mais en vain, de faire sonner toutes les cordes de la lyre, mais je n'étais guère en humeur de chanter et ma lyre ne rendait que des sons de vieille guitare mal accordée.

A minuit, elle regarda la pendule et fit mine de partir. Je la laissais faire sans quitter ma posture alanguie ni proférer une parole. Alors, s'élançant sur moi, elle m'enlaça, m'embrassa, me caressa, me réchauffa avec une brutalité de tigresse ardente et affamée... — l'amitié jurée fit un plongeon. Devant les glaces de mon mutisme, cette femme succube s'était redressée, brûlante comme un brasier; le coup de canif était porté au contrat, mais mon *moi pensant* n'avait pas eu part aux ébats. J'étais furieux de cette victoire remportée sur mes sens contre mon gré, et ma passivité non voulue m'attristait. Ne vaut-il pas mieux aimer sans retour, que d'être aimé avec cette furia, quand le dédain du cœur le plus grand répond à un sentiment si violent?

Elle, cependant, était glorieuse, et, comme je l'accompagnais à la porte, pour ne pas prolonger cette situation trop ou trop peu tendue, elle me lança avec un sourire diabolique ce mot d'adieu à la Socrate : « *Amour, tu es tout : Amitié tu n'es qu'un vain mot.* »

VIII

— Veuillez croire, mon cher, que cela existe beaucoup plus que vous ne le supposez, c'est une femme d'expérience qui vous parle, et tenez : voici l'épître que j'ai reçue, lisez ; elle est signée en toutes lettres par une princesse russe, mais peu 'importe, vous serez discret si bon vous semble.

Et je lus la plus étrange déclaration d'amour, écrite avec l'outrance passionnée d'une femelle qui voudrait être homme. Je savais que le grand César était appelé *le mari de toutes les femmes et la femme de tous les maris*, mais je ne concevais pas chez le sexe faible une tendance aussi manifeste et aussi Césarienne. Mon aventure avec Babette et la Baronne m'avait révélé des points jusqu'alors indécis dans ces curieuses accordailles, mais mon rôle du moins n'y était pas effacé et comme les danseurs antiques, je pouvais apparaître au milieu du festin — ici la virilité était bafouée, méprisée, dénoncée comme une turpitude ; le temple de Vesta déployait seul sa svelte architecture ; maudit était le mâle qui faisait mine d'y pénétrer ; c'était l'élément destructeur des mœurs douces et liantes, c'était le hideux procréateur, le méchant faune égoïste et brutal qui amenait, à la suite d'un faux plaisir, la douleur, les anxiétés, les dégoûts et la perte fatale des formes les plus pures.

— Voilà qui est fort intéressant pour l'étude sociale, dis-je à mon interlocutrice en repliant la lettre ; le document est superbe et hautement paraphé ; suis-je indiscret en vous demandant quelle réponse fut la vôtre ?

— Aucunement, ami ; vous pensez bien que je ne répondis pas ; mais à quelque temps de là, la signataire m'ayant rencontrée dans un salon, vint à moi, aimable et pleine d'attentions, et, après s'être informée de ma santé, elle manifesta un grand étonnement de mon silence à sa lettre : « Quoi ! c'était vous, princesse, fis-je avec la plus souveraine froideur. Ah ! pardonnez-moi, en vérité, je croyais qu'une telle déclaration venait de votre mari. »

— Et vous ne la revîtes plus ?

— Jamais.

— Votre anecdote, ma belle amie, me remet en esprit, ce joli tableau de genre en trois mots, que j'ai lu, je crois, vous ne sauriez le supposer, dans les *Mémoires de monsieur Joseph Prudhomme.* Monnier y raconte ainsi une visite à mademoiselle Raucourt qui était, vous le savez, au siècle dernier, la grande prêtresse de la secte Anandryne : — « Mademoiselle Raucourt portait une robe de chambre en molleton, des pantalons à pied également en molleton, et un bonnet de coton incliné sur l'oreille. »

« On venait de servir le déjeuner et elle était assise à table entre une jeune fille fort jolie et un petit garçon.

— Prendras-tu du chocolat ou du café au lait ce matin ? demanda mademoiselle Raucourt à sa voisine.

— Du chocolat, *mon cher Ami ;* le café au lait me fait mal.

— Et toi, mon petit, veux-tu encore du beurre ?

— Merci, *Papa,* j'en ai assez. »

Cette photographie de famille est exquise, n'est-il pas vrai ? Elle en dit plus qu'elle n'est grande ; on peut y voir des choses à l'infini, et, pour moi qui ai lu et relu la littérature érotique de tous les temps, depuis le grivois jusqu'à l'horrible en passant par les gradations les plus nuancées, je n'ai pas encore oublié ce simple petit croquis de Joseph Prudhomme, expert en écriture, *élève de Brard et Saint-Omer.* — Ah ! comme je voudrais, madame, vous montrer mon érudition profonde sur ce sujet Lesbien; mais il vous faudrait fermer les portes, m'écouter sans rougir ou bien rougir sans m'écouter ; je passerai de la Grèce à Rome, de la Chine à l'Orient, de Paris à la Province, de la Régence à l'Empire avec des textes variés. Si vous étiez la Chevalière d'Eon j'oserais peut-être,... mais...

—

IX

Je comprends mieux que toute autre le *compagnonnage intellectuel*, m'écrivait la minaudière madame de C., il y a bientôt huit jours ; — « croyez-vous que je veuille jouer près de vous le rôle d'une femme jalouse, d'une *maîtresse à scènes?* — Le ciel m'en préserve ; je ne veux rien savoir ; je veux *vous voir vivre*, vous panser l'âme comme une sœur de charité panse les blessures du corps. Je vous apprendrai à aimer de la bonne façon, sans orages, sans déchirements, sans inquiétudes, sans jalousies, tout doucement, bien tendrement ; vous serez pour moi un grand baby devant lequel je serai en adoration comme les mères devant leurs enfants. »

Je me suis cru, en lisant ces mots, vers 1820, à l'époque où l'on jouait encore de la cithare sentimentale devant des littérateurs larmoyeux et des poètes édités par Ladvocat. — Madame de C. fait voile vers la quarantaine, ce *Lazaret d'amour* des femmes du monde ; elle est forte et langoureuse, il ne lui manque que le turban de madame de Staël ; elle ne veut rien savoir, *mais elle veut tout connaître*. C'est un autre temps vers lequel elle recule et entraîne ma vie comme pour mieux se rajeunir. Depuis que je la vois, je me meus dans des intrigues à la Ducray-Duminil, je relis par la réalité, *Madame de Valnoir, Cœlina ou l'Enfant du Mystère, Jules ou le Toit paternel*, et autres épopées romancières en plusieurs volumes. — Elle arrive quelquefois le matin comme un ouragan, dans un grand manteau noir, la tête encachotée dans une longue mantille; elle se pâme et comprime les battements de son cœur, s'affaisse sur un siége et semble dire : « *On m'a suivie, je suis perdue.* »

Je reste froid à ses déclarations et y porte juste le même intérêt qu'à la *reprise* d'un vieux mélodrame. — Hier, j'ai voulu rompre; cela m'agaçait. Dans un billet fatal et ténébreux, je réclamais mes lettres en échange des siennes, afin de ne pas oublier le réalisme de la couleur locale. — J'attendais Justine, la chambrière; hélas! ce fut elle qui vint.

Elle se fit annoncer, et marcha avec un air brisé jusqu'au fauteuil qui lui était offert. — Un juge d'instruction eut envié ma rigidité impénétrable.

— Monsieur, je vous rapporte vos lettres — (elles étaient nouées dans un ruban mauve).

— Madame, je vous rends grâces, voici les vôtres.

— C'est donc fini, dit-elle avec un gros sanglot dans la voix. Ah! perfide! que vous ai-je fait? — Voyez mes yeux, ils sont tout rouges des pleurs de la nuit. Depuis que je vous connais, je me meurs; *j'ai tant besoin de ménagements* — (elle était fraîche comme un Rubens). — Pourquoi ne pas nous laisser aller à l'amour? il fait si beau, le ciel est si pur, les oiseaux chantent; tout nous invite aux joies enivrantes, aux douces caresses, aux charmes profonds; vous m'aimez : je le sais, je veux le croire. — (J'avais cependant tout mis en œuvre pour lui prouver la vérité, c'est-à-dire le contraire). — Ah! ne sois pas insensible à ma voix; viens, regarde-moi; me trouvez-vous jolie, Monsieur? — Cette beauté dont on me gratifie dans le monde, elle est à vous, et vous seul cependant ne m'en avez jamais fait le plus petit compliment. Voyons, embrassez-moi; faut-il que moi je me jette à vos genoux?

Comme je restais glacial et ennuyé, chantonnant intérieurement comme ironie une romance en mineur de *la Grâce de Dieu*, elle éclata :

« Ah! ne jouez pas au Byron! ne faites pas votre Manfred, Monsieur! — je sais tout ce qu'il y a de grand, d'incompris dans votre âme; vous êtes un lion blessé qui se défend d'aimer.

« Dites-moi le nom de celle qui vous a torturé; j'irai la chercher, je vous la ramènerai douce, repentante et docile; mais parlez-moi, de grâce; ne restez pas ainsi comme une statue de pierre; le destin fatal veut que j'aime tout en vous, vos manières, votre personne, votre esprit, vos vices et même vos vilains gros défauts. — Moi, qui suis si fière, si orgueilleuse, si indomptée! Suis-je assez bas devant vous. C'est horrible! »

Elle parlait toujours, et cette petite voix maniérée sortant de cette mamoseuse poitrine m'irritait à l'extrême. Cette plantureuse Junon jouant à la petite maîtresse, ces langueurs dans cette puissance, ces larmes dans ces yeux arides, ce comédisme tout cérébral qui laissait le cœur intact et le corps vierge d'émotions, tout cela n'était que ridicule et je le comprenais, car le *vrai* touche toujours son but; on peut s'en défendre mais on ne saurait le méconnaître quand en amour on reste maître de soi ou qu'on se désintéresse franchement dans la partie.

Déjà elle se renversait dans une feinte attaque de nerfs, son mouchoir sur la bouche comme pour arrêter des suffocations; je me préparais à distiller quelques gouttes d'eau de Mélisse sur ses lèvres, lorsqu'on m'annonça un ami. Ma porte n'était pas condamnée, c'était un sauveur. Madame de C. prit congé de moi avec l'amer regret d'avoir été interrompue dans sa crise. Au moment de franchir la porte elle revint sur ses pas :

— Ah! pardon, Monsieur, j'oubliais... mes lettres.

— Lesquelles, Madame, les vôtres ou les miennes ?

— Celles que vous m'avez écrites, cruel ! et que je ne puis me décider à vous restituer.

Je n'ai jamais pu rompre avec Madame de C., alors que je me dispose à ranger cette sotte fantaisie dans l'histoire ancienne, elle revient ajouter de nouveaux documents au dossier. Il est des orgues de Barbarie qui prennent l'habitude périodiquement de *moudre des airs* dans les cours; ainsi fait cette ingénue marquée. Elle se manifeste dans son exigence et son encombrante corpulence, à l'exemple d'une trombe impétueuse, et elle soupire mignardement comme une sylphide : « *Je tiens si peu de place, et veux si peu de chose.* »

Que me serait-il arrivé, grands dieux ! si j'avais couronné la flamme d'une telle Bacchante-élégiaque ? Je lui ai bien permis quelquefois certaines privautés — de même qu'on se laisse lécher la main par un bon gros chien, — mais je n'en ai jamais prises avec elle. L'ombre de son mari sec et parcheminé a toujours flotté comme le pressentiment d'un remords, entre ses terribles désirs et mes courtes pensées de concupiscence. — Ce pauvre homme ! il est maigre à embrasser un bouc entre les deux cornes.

X

Je croyais ne plus aimer ma petite Jeanne ; le bonheur berce l'amour et l'endort. Mais comme elle me quittait certain matin par un gai soleil de mai, je la regardais partir et lui adressais de loin de nonchalants baisers. Elle se retournait, gracieuse et vive, et de son mouchoir fouettait gentiment l'air.

Une sorte de commis de rayon, un goujat vêtu comme un lieu commun, un hideux clerc de quelqu'huissier louche, la regarda au passage et avec le sans-façon d'un cuistre qui se croit tout permis, frappé d'une idée de séduction, il se mit à ajuster son col, à donner une inclinaison à son chapeau et à changer son itinéraire dans le but visible de marcher dans le sillon de beauté que laissait derrière elle ma charmante adorée.

Au tournant de la rue, je ne vis plus rien. Par malheur, j'étais en robe de chambre, en pantoufles, au saut du lit; j'aurais voulu avoir des ailes, pour rejoindre le faquin, le souffleter et lui tirer les oreilles, pour s'être permis de souiller du regard et de la pensée ma maîtresse élue, et, bien que le soupçon ne put s'imposer à mon esprit devant ce ver de terre suivant cette reine, je me suis longtemps demandé si je devais attribuer à l'amour, ou au mépris des insolents médiocres, le sentiment de rébellion et de sourde rage qui s'était emparé de mes sens.

Ah! pensées infâmes qui germent trop souvent dans le cerveau surmené par une idée de possession absolue, chez un être qui se sent l'orgueil de son despotisme et le despotisme inflexible de son orgueil: Que ne peut-on royalement assassiner la créature qu'on est certain d'avoir possédée de l'épiderme aux fibrilles les plus tenues, du cœur et de la cervelle, de même qu'on peut briser au sortir d'une orgie la coupe de cristal où l'on a bu l'ivresse à longs traits, mais sur laquelle aucun autre désormais ne pourra porter ses lèvres.

Heureux ces souverains d'Orient, qui après une nuit de délices inoubliables, faisaient trancher la tête de leurs plus douces sultanes avec une cruauté langoureuse et poétique. Ils éprouvaient la philosophie de leur crime, car loin d'ouvrir la porte aux remords, ils la fermaient aux désillusions. — *Il y a du satrape chez les hommes entiers.*

XI

C'est tout un poème de tristesse dans mon cœur, quand j'y songe : ce navrant billet doux disait : « J'aurai le plus grand plaisir à te voir; si tu m'as aimé un instant, viens : *Je suis chez Dubois... tu sais..., faubourg Saint-Denis.* J'ai cru en y entrant y mourir d'ennui, par bonheur jusqu'à présent, les amis se sont montrés dévoués... Mais toi, je voudrais tant te sentir la main dans ma main. Si tu as un moment, viens, viens, je t'en serai si reconnaissante ! »

Pauvre grande enfant ! elle se nommait Flore de ***. Je l'avais entrevue au printemps, alors que pour échapper aux cuissons parisiennes j'étais allé à Ermenonville, en compagnie d'une petite déesse de Paphos, faire l'amour sous les grands arbres, près des temples mythologiques et des grottes voluptueuses, peuplés du souvenir de Rousseau.

En la voyant pour la première fois, dans l'échange seul de nos regards, nous avions pris possession l'un de l'autre avec cet instinct curieux et impossible à analyser de deux êtres, qui ne se sont jamais vus et qui cependant se retrouvent. De ce jour, j'avais l'assurance qu'elle était à moi, sans fatuité ; c'était mieux qu'un pressentiment, c'était une certitude : son œil fixement me disait : « *Je suis ta chose*; » et mon regard inexorable répondait : « *Je le sais et le sens ; tu m'appartiens.* » — Chaque homme a son harem dispersé dans le monde, dit un moraliste ; celle-ci était plus sûrement ma sultane que la petite houri qui se pendait à mon bras, et qui avait des allures capricantes dans l'herbe. L'une m'était réservée par le destin comme une jeune fille au minotaure du labyrinthe, l'autre, gentille hétaïre, se prêtait à ma fantaisie ; elle se donnait un maître par caprice, sans subir le fatalisme d'une passion. La première, *dans moi*, ne pouvait méconnaître l'amant, la seconde, plus légère, n'y voyait que l'amour. Pour la théorie des ardeurs amoureuses celle-là était la flamme, celle-ci n'était que la fumée.

A peine étais-je de retour à Paris, où j'avais réintégré mon insouciante compagne, que je revins à Ermenonville. Pendant près d'un mois je la vis et ne lui parlai pas ; ce n'était pas là du sentimentalisme ni de la crainte, c'était une jouissance particulière. Je planais sur elle comme l'épervier sur la colombe, et la pauvre petite tourterelle mettait sa tête sous son aile pour ne pas voir mais aussi pour mieux se laisser prendre.

Flore de *** s'isolait dans son veuvage, bien qu'elle eût à peine vingt-cinq ans ; elle était mieux que jolie et plus que belle : un poète eût décrit sa beauté en un volume, pour moi qui ne suis point poète, je constatai simplement que cette brune radieuse possédait au complet, et au delà, les qualités essentielles de la perfection chez la femme, selon Brantôme.

Une heure avant mon départ je lui parlai. Ainsi deux aimants longtemps placés côte-à-côte doivent se réunir. — Elle ne dit mot à mes quelques paroles, mais le soir le même wagon nous ramenait fiévreux, courbaturés par l'attente et les promesses de notre fougue, et cependant notre amour plaidait pour lui même, sans que nous eussions besoin de parler de nos désirs ; nos cœurs battaient avec éloquence, mais nos lèvres étaient muettes. — Lorsque les sens s'adressent à des sens qui répondent, les paroles sont craintives, on dorlote par la pensée les plaisirs que nourrit l'espérance.

— Ah ! quel raffinement il y a dans la patience de la possession... *qualis nox fuit illa...* disait Pétrone. . . . .

. . . .

. . . .

. . . .

La pauvre mignonne se laissa consumer par l'ardeur de sa passion ; elle mourut en janvier après plus de six mois de délices surhumaines. Je voyageais dans les brumes d'Angleterre lorsque ce navrant billet doux me parvint : « *Je suis chez Dubois... tu sais, faubourg Saint-Denis...* »

Hélas ! je ne l'ai point revue et peut-être l'ai-je tuée..., cette douce amoureuse. C'est tout un poème de tristesse dans mon cœur quand j'y songe.

XII

Lorsque la grande comtesse conçut le ridicule projet de me marier, je me laissai faire, c'était le testament de son amour dont elle pensait ainsi légitimer la succession.

Je fis mine d'accéder et poussai jusqu'à la présentation, mais pendant le dîner, je lançai froidement dans le courant de la conversation d'irréfutables pensées contre le mariage, qui, comme toutes les vérités profondes, causèrent la plus déplorable sensation parmi les convives engagés dans les liens de l'hyménée. Voici quelques-uns de ces aphorismes terribles et tranchants :

. . . .
. . . .
. . . .

Le Mémorandum d'un Epicurien s'arrête ici. — Une main inconnue a déchiré les pages manuscrites qui suivaient ces quelques notes hâtives et décousues. — La sottise peut tout lacérer en invoquant le code indigeste de la morale. — Les vérités sociales doivent rester cachées dans le puits de la logique. — Ici, le Mémorandum *devenait peut-être intéressant; mais l'éditeur persiste à mettre au jour ce carnet de fat et à le reproduire avec ses lacunes et ses errata. — Ainsi soit-il !*

Les Fastes du Baiser

LES FASTES DU BAISER

> Suçotant frétillardement,
> Dérobons nous tout doucement
> Par un baiser l'âme et la vie.
>
> Parnasse des Muses.

D'APRÈS la légende interprêtée par Jean Second Evrard, l'auteur des *Baisers* — ce chef d'œuvre d'un poëte voluptueux et hardi, — Vénus transporta vers l'aurore le jeune Ascagne tout endormi, dans un des bosquets enchanteurs qui dominent Cythère. Là, plaçant douillettement sur un lit de tendres violettes cet adorable adolescent, elle fit naître, de sa volonté de Déesse, une prodigieuse floraison de roses blanches dont les suaves senteurs s'épandirent à l'entour. Cypris contempla son œuvre dans le mystère de sa retraite : Sous ses yeux, le fils d'Énée respirait doucement ; les fleurs fraîches écloses s'épanouissaient au-dessus de sa tête, semblant bercer son sommeil, tandis que cependant l'air saturé de parfums capricieux conviait les sens aux plus charmants ébats. Vénus sentit sourdre en elle un étrange frisson ; une ardeur fiévreuse se glissa dans ses veines, et les caresses, filles du désir, se prirent à voleter avec malice sur ses divins appas. Adonis, en cet instant, lui apparût dans le lointain du passé avec les tièdes souvenances des délices charnelles ; elle se mit à évoquer les grâces viriles, les valeureux enlacements, les coïntes galanteries de son amant, et, devant le repos d'Ascagne, devant ce garçonnet plus rose que les roses, devant les beautés sveltes de cette puberté découverte, elle se trouva faible, indécise, bouleversée ; c'est ainsi que dormait son berger ; elle eut voulu étreindre ce cou junévile et fringuer sur ce torse coquet, mais où Morphée régnait, sa pudeur fut maîtresse.

Les roses, dans leur langage, distillaient

de capiteux conseils, les fleurettes du gazon chatouillaient le derme de ses jambes, ses colombes fidèles, battant joyeusement de l'aile, se becquetaient sous la ramée ; les zéphirs avec un langoureux murmure se jouaient sur ses lèvres ardentes; l'amour, dans toutes ses manifestations, chantait une hymne à sa reine-mère; la nature par sa sève dictait sa grande loi. Alors, la sensible Dionée attendrie, éperdue, se laissa lentement tomber sur les parterres fleuris, et se penchant sur la fraîcheur des roses, elle en prit une et l'embrassa.— On eut dit, à ce contact, que le sol s'enflammait; les roses blanches s'animèrent, devinrent pourpres comme de pudibondes damoiselles tout à coup lutinées; autant de baisers cueillis par ces lèvres mi-closes, autant de baisers rendus, jusqu'à ce que Vénus, fière de sa moisson et trainée à travers l'azur par ses cygnes éclatants, se mit à parcourir le globe terrestre, semant à pleines mains comme un nouveau Triptolème des baisers inédits sur les campagnes fécondes.

« Depuis ce jour, tout brûle, et s'unit, et s'enlace ;
Le bouton d'un beau sein est éclos du baiser ;
Une rose y fleurit pour y marquer sa trace ;
Fier de l'avoir fait naître, il aime à s'y fixer. »

C'est à ces baisers tombés du ciel, dans un combat des sens, que nous est venue la merveilleuse éclosion des plaisirs les plus vifs : baisers volupteux issus des roses fraîches et vermeilles, baisers humides, précieux dictames des amours humaines ; baisers frissonnants qui donnez la vie et scellez le pacte des âmes, baisers variés mais toujours enivrants et nouveaux, je vous salue !

D'autres, nourrissons d'Apollon ou amants favorisés des Parnassides, vous ont chantés sur des lyres sonores et harmonieuses ; chaque jour des lèvres s'unissent pour célébrer votre gloire dans un râle de bonheur et d'ivresse : pour moi, heureux baisers, provocateurs de la virilité, baisers petits et grands, baisers doucereux ou brutaux, légers ou profonds, langoureux ou mordants, libertins ou *vitriolesques* ; baisers auxquels la mâleté donne toute l'expression, je veux conter vos fastes dans le prosaïsme de ma manière, détailler vos mignardises si chères aux farfadels de la passion, et annoter vos variations savantes comme un pieux dégustateur de vos innombrables fantaisies qui embéguinent ma concupiscence.

II

Plusieurs savants, dans de longues dissertations, ont déjà traité la question. L'ouvrage le plus intéressant et aussi le plus célèbre est l'essai de Kempius, intitulé : *de osculis*. Les latins se servaient de mots différents pour mieux marquer la nuance des baisers ; ils nommaient *Osculum*, un baiser donné entre amis ; *Basium*, un baiser offert par convenance ou reçu par politesse ; et *Suavium*, un tendre baiser impudique*. Ne nous inquiétons que de

* Cette différence est indiquée ainsi dans les *Arrêts d'amours* de Martial d'Auvergne : « ut paululum a materia divertamus, quid sit discriminis inter basium, osculum, et suavium dicamus, Aelius Donatus in Eunucho Terentiano tria oscu-

celui-ci; les autres ne sont que baisements ou baise-mains, contacts sans plaisirs, accolades sans convictions, civilités puériles et honnêtes, Berquinades à l'usage des hypocrisies sociales. Si je m'étends ici quelque peu sur l'historique des baisers, ce sera pour revenir avec plus d'empressement à ces doux becquetages de tourterelles, à ces duos des lèvres, à cette fusion des désirs que les anciens exprimaient si bien par *columbatim*, un mot exquis que *colombellement* ne saurait traduire à mon gré.

Lorsqu'à Rome l'adultère ne subissait aucune loi de répression, le baiser public était ignoré et considéré comme un gage de fidélité conjugale mis au nombre des caresses secrètes de la nuictée; un jeune citoyen pour avoir eu la témérité de ravir un baiser à une grave matrone fut par sentence condamné à mort et exécuté. On

landi genera ponit, osculunt silicet, basium, et suavium. Oscula officiorum sunt, basia vero pudicorum affectuum, suavia libidinum vel amorum. Servius Honoratus in primo Æneid. super his verbis: *oscula libavit*, osculum religionis esse dicit, suavium autem libidinis.

peut trouver dans le code une loi dont les prérogatives sont connues par les jurisconsultes sous le nom de *Droit du Baiser*. Ce droit consistait en présents de fiançailles qui devaient compenser l'atteinte que la pudicité virginale de l'épousée avait soufferte d'une amoureuse union des lèvres, c'était le gage avant-coureur de l'amour conjugal. Les Romains ont fait aussi quelquefois du baiser un acte religieux; les philosophes et les naturalistes prétendaient que les yeux, le col, les bras et généralement toutes les parties du corps étaient consacrées à des divinités particulières*; on croyait honorer ces divinités en baisant les membres qui étaient sous leur protection. Ils embrassaient l'oreille, le front et la main droite dans la pensée de rendre hommage à la mémoire, à l'intelligence et à la fidélité qu'ils étaient accoutumés à symboliser dans un culte divin.

---

* Voyez à ce sujet : *Variétés littéraires ou Recueil de pièces tant originales que traduites (par l'abbé Arnaud et Suard)*. Paris, 1768, tome I, pp. 379 et suivante.

L'usage réservé du baiser sur la bouche tenait également au culte. Les vertueux Romains regardaient la divinité qui préside à l'amour comme le parangon de la chasteté ; les blanches colombes qui conduisaient son char étaient la plus naïve expression de la pureté morale, et ils auraient cru déplaire à Vénus, en prodiguant hors de propos le baiser amoureux qui devait témoigner seulement de la foi des époux. Les violateurs de cette loi étaient sévèrement punis. Valère Maxime en a relaté plusieurs exemples frappants. Les profonds penseurs sentaient que, permis trop légèrement, les baisers conduisent souvent à la perturbation des mœurs, et ils cherchaient clandestiner ces sensations voluptueuses dans la légitimité du mariage, pour inciter la jeunesse à l'hyménée et préserver son propre bonheur et la félicité de l'Etat.

On connaît le chapitre sur les baisers dans lequel Jean de la Caza, évêque de Bénevent, dit qu'on peut se baiser de la tête aux pieds ; il plaint les grands nez qui ne peuvent s'approcher que difficilement et il conseille aux dames qui ont le nez long d'avoir des amants camus, et aux amoureux doués d'une protubérance nasale exagérée de choisir des maîtresses chez lesquelles cette partie saillante du visage soit plus fine et moins en avant.

« Le baiser était une manière de saluer très ordinaire dans toute l'antiquité, raconte Voltaire *, Plutarque rapporte que les conjurés avant de tuer César, lui baisèrent le visage, la main et la poitrine. Tacite dit que lorsque son beau-père Agricola revint de Rome, Domitien le reçut avec un froid baiser, ne lui dit rien et le laissa confondu dans la foule. L'inférieur qui ne pouvait parvenir à saluer son supérieur en le baisant, appliquait sa bouche à sa propre main et lui envoyait ce baiser qu'on lui rendait de même si on voulait. »

« Les premiers chrétiens et les premières chrétiennes se baisaient à la bouche dans leurs agapes. Ce mot signifiait *repas d'amour*. Ils se donnaient le saint baiser, le baiser

* Voltaire. *Questions sur l'Encyclopédie.*

de paix, le baiser de frère et de sœur : *agion Philema.* Cet usage dura plus de quatre siècles et fut enfin aboli à cause des conséquences. Ce furent ces baisers de paix, ces agapes d'amour, ces noms de *frère* et de *sœur*, qui attirèrent longtemps aux chrétiens peu connus, ces imputations de débauche dont les prêtres de Jupiter et les prêtresses de Vesta les chargèrent ; vous voyez dans Pétrone et dans d'autres auteurs profanes, que les dissolus se nommaient *frère* et *sœur*. On crut que chez les chrétiens les mêmes noms signifiaient les mêmes infamies ; ils servirent innocemment eux-mêmes à répandre ces accusations dans l'Empire romain.

Il y eut dans le commencement dix-sept sociétés chrétiennes différentes, comme il y en eut neuf chez les Juifs, en comptant les deux espèces de samaritains. Les sociétés qui se flattaient d'être les plus orthodoxes, accusaient les autres des impuretés les plus inconcevables. Le terme de *Gnostique* qui fut d'abord si honorable, et qui signifiait *savant, éclairé, pur,* devint un terme d'horreur et de mépris, un reproche d'hérésie. S. Epiphane, au troisième siècle, prétendait qu'ils se chatouillaient d'abord les uns les autres, hommes et femmes, qu'ensuite ils se donnaient des baisers fort impudiques, et qu'ils jugeaient du degré de leur foi par la volupté de ces baisers ; que le mari disait à sa femme en lui présentant un jeune initié : *fais l'agape avec mon frère ;* et qu'ils faisaient l'agape. »

Voltaire n'ose ajouter dans la chaste langue française ce que S. Epiphane ajoute en grec*. Saint Augustin remarque qu'on regardait autrefois les baisers donnés à la femme d'autrui comme dignes de grands châtiments. Le Cardinal Tuschus nous apprend aussi que dans le Royaume de Naples on infligeait une forte amende à ceux qui baisaient une vierge par surprise dans la rue et qu'on les reléguait loin du lieu même où le péché mignon avait été commis. Un Evêque de Spire, qui vivait du temps de l'empereur Rodolphe fut obligé de sortir de l'Empire pour une semblable cause.

* Epiphane. *Contra hæres*, liv. I, tome II.

En France, en Allemagne, en Angleterre, en Italie, le baiser public fut toujours considéré comme un acte de civilité et de déférence ; les Cardinaux avaient droit de donner l'osculation aux reines sur la bouche, et toute honnête dame eut considéré comme un affront de ne pas recevoir un baiser de lèvres à lèvres lors de la première visite d'un seigneur. La plus charmante des voluptés devint ainsi banale : « La Cherté, écrivait alors le *Saige Montaigne*, donne du goût à la viande : voyez combien la forme de salutations qui est particulière à notre nation abâtardit par sa facilité la grâce des baisers, lesquels Socrate dit être si puissants et dangereux à voler nos cœurs. C'est une déplaisante coutûme et injurieuse aux dames, d'avoir à prêter leurs lèvres à quiconque a trois valets à sa suite, pour mal plaisant qu'il soit : et nous mêmes n'y gagnons guère ; car comme le monde se voit porté, pour trois belles, il en faut baiser cinquante laides, et à un estomac tendre comme sont ceux de mon âge, un mauvais baiser en surpasse un bon. »

Pour les dames, à quelqu'époque que ce soit, elles furent toujours sensibles aux baisers énamourés d'un galant cavalier, et si quelques-unes s'en offensèrent en apparence, la plupart d'entre elles, en recevant l'accolade sur la joue gauche furent tentées, en tendant la joue droite de répondre ainsi qu'une belle demoiselle surprise à l'improviste par un joyeux brusquaire : « Monsieur, vous m'offensez, mais voici l'autre côté, je sais mon évangile. »

III

« S'il est désagréable à une jeune et jolie bouche de se coller par politesse à une bouche vieille et laide, dit l'auteur de *Candide,* il y avait un grand danger entre les bouches fraiches et vermeilles de vingt à vingt-cinq ans ; et c'est ce qui fit abolir la cérémonie du baiser dans les mystères et les agapes, c'est ce qui fit enfermer les femmes chez les Orientaux, afin qu'elles ne baisassent que leurs pères et leurs frères ;

coûtume longtemps introduite en Espagne par les Arabes. »

La science a-t-elle besoin de prouver qu'il y a un nerf de la cinquième paire qui va de la bouche au cœur et de là plus bas ? : la nature a tout préparé avec le génie le plus délicat : les petites glandes des lèvres, leur tissu spongieux, leurs mamelons veloutés, la peau fine, chatouilleuse, leur donnent un sentiment exquis et voluptueux, lequel n'est pas sans analogie avec une partie plus cachée et plus sensible encore. La pudeur peut souffrir d'un baiser longtemps savouré entre deux piétistes de dix-huit ans. — Ronsard a poétisé comme suit ce tact charmant de lèvres :

Il sort de votre bouche un doux flair, que le thim,
Le jasmin et l'œillet, la framboise et la fraise,
Surpasse de douceur, tant une douce braise
Vient de la bouche au cœur par un nouveau chemin.

Le baiser sur les lèvres est l'unique baiser de Vénus, c'est l'étincelle, le boute feu d'amour ; il scelle l'entente des sexes, arde le cœur, allume le sang dans les veines, espoinçonne la virilité, cause le prurit vital, et met en appétit d'union. L'âme s'évapore dans un tel baiser, lorsque les désirs s'y unissent; il met hors de sens et cause un étrange satyriasisme; il fait fomenter la sève et fusionner deux existences : on y boit la vie de sa vie, on y heurte lascivement d'inoubliables sensations comme dans un toast sublime à l'entremise de la nature. Ainsi l'expriment les vers suivants dont on ignore l'auteur :

> De cent baisers, dans votre ardente flamme,
> Si vous prenez belle gorge et beaux bras,
> C'est vainement; ils ne les rendent pas.
> Baisez la bouche, elle répond à l'âme.
> L'âme se colle aux lèvres de rubis,
> Aux dents d'ivoire, à la langue amoureuse
> Ame contre âme alors est fort heureuse,
> Deux n'en font qu'une et c'est un paradis.

La conjonction des lèvres est l'*écussonade* de la plus vive jouissance, lorsque pour la première fois, en toute liberté, deux muqueuses se soudent dans une effusion commune — : Les deux amants sont là, seuls et encore timides; ils ont la gaucherie d'une entrevue à huis-clos, où les sens sont plus éloquents que les proclamations du désir; les mains se sont pressées, déjà un bras s'arrondit sur cette hanche mignonne; les épaules se touchent, les joues se frôlent, les poitrines se soulèvent et soupirent; les cœurs battent à l'unisson d'espoir et aussi de cette crainte vague qui fait antichambre à la porte du bonheur. *Lui*, sourit et mitonne ses délices; *elle*, sur la défensive de convenance, muguette et chiffonne son joli babouin dans une moue adorable. Voici que les visages se rapprochent, que les cheveux s'unissent et que les yeux dardent les yeux à des profondeurs voluptueuses et infinies : un fluide mystérieux les enserre et les berce; sur cette jolie nuque blonde et rose ainsi que sur ce col brun d'Antinoüs, il passe comme un frisson avant coureur du spasme. Leurs cerveaux, accablés, semblent en ébétude tant est verdissante cette extubérance sensuelle, qui fait que les jouvenceaux, comme les bacchantes, se grisent eux-mêmes de leurs propres facultés. Tout à coup ces torses se cambrent, ces têtes se renversent, ces lèvres muettes se choquent, s'alluchent se confondent dans une haleinée de chaude amour, et des baisers âcres et mordicants font entendre des petits bruits rieurs, délectables, alangouris qui se prolongent et s'achèvent comme un glou-glou d'ivresse entre ces deux heureux fretin-fretaillant.

Rien n'est comparable à ces liesses; les corps enlacés, s'acquebutant dans une puissante étreinte, se contournent en torsions d'amour; les lèvres mâles happent cette bouchelette fraîche ainsi que rosée, tandis que lancinantes et frétillant dans de diaboliques mouvements, les langues inassouvies se mordillent comme fraises et paraissent, dans l'imagination de ces félicités poignantes, sucer l'âme de sa vie, et faufrelucher la vie de son âme.

On dirait qu'en pareille délectation, on vide l'épargne de son être ; Belzébuth trépigne dans les entrailles et s'y démène convulsivement, on demeure dans l'oubliance de toute l'humanité, et, sur ces lèvres de roses, où balbutie encore l'amour anéanti dans cette longue embrassée, les amants ne laissent mourir le plaisir que pour le faire renaître avec un renouveau plus quintenencié, avec des accents plus humides et brûlants à la fois.

L'abbé Desportes a chanté la saveur de baisers si tendres dans ses rhythmes exquis :

> Et qu'en ces yeux nos langues frétillardes
>   S'étreignent mollement...
> Quand je te baise, un gracieux zéphir
> Un petit vent moite et doux qui soupire,
>   Va mon cœur éventant.

et plus loin :

> Au paradis de tes lèvres décloses,
> Je vais cueillant de mille et mille roses
>   Le miel délicieux...
> Ce ne sont point des baisers, ma mignonne,
> Ce ne sont point des baisers que tu donnes :
>   Ce sont de doux appas
> Faits de Nectar...
> Ce sont moissons de l'Arabie heureuse,
> Ce sont parfums qui font l'âme amoureuse.
>   S'éjouir de son feu.
> C'est un doux air embaumé de fleurettes,
> Où, comme les oiseaux, volent les amourettes.

De tout temps, chez tous les peuples, des poètes de génie ont détaillé les charmes du baiser lascif ; Virgile, Platon, Moschus, Tibulle et Catulle, Le Tasse,

Le Dante, Pétrarque, Ronsard, Belleau, de Magny, le grave Corneille et le vertueux Racine, Voltaire et Rousseau ; prosateurs, moralistes et philosophes, chacun a voulu analyser ces extases du baiser qui béatifient la passion.

Me sera-t-il permis de traduire ici l'inimitable *Baiser seizième** de Jean Second, si chaud et si coloré dans sa belle latinité, qu'il peut paraître téméraire d'en rendre le sens exact sans craindre d'en atténuer les fantasieuses délicatesses. Je traduirai moins lourdement que Ménage, plus tendrement que Balzac, peut-être moins sentencieusement que Gui-Patin.

IV

— Toi qui es plus étincelante que l'astre brillant de la pâle Phœbé, toi qui surpasse en éclat l'étoile d'or de Vénus, ô ma douce Nécera, accorde moi cent baisers ; prodigue

---

* Jean Second. — Basium XVI : *Latonæ nivœo sidere Blandior,* etc.

les moi avec autant d'abandon que jadis Lesbie les donna à son poète inassouvi; cueille-les sur ma bouche, en aussi grand nombre que ces grâces amoureuses qui se jouent sur tes lèvres mutines et sur tes joues rosées. Fais pleuvoir sur mon corps ces mêmes accolades aussi drues que ces traits enflammés lancés par tes regards ardents qui font naître à la fois la vie et la mort, l'espérance et la crainte, la joie et les soucis cuisants. Que tes baisers soient plus multiples, plus acérés que ces flèches innombrables, dont un petit Dieu léger et moqueur, puise la variété dans son carquois doré, pour en férir ma pauvre âme, et, à ce chant de tes lèvres, joins les propos grivois, les soupirs voluptueux et les plus aimables caresses. Imite ces tendres colombes qui, dès le réveil du printemps, bec contre bec, se trémoussent des ailes; Nécera, viens à moi, éperdue, défaillante, accablée de désirs, ta bouche sur ma bouche, collée étroitement: tourne avec langueur tes yeux noyés d'une humide flamme et d'une lubricité poignante; alors seulement fais appel à ma virilité, renverse-toi sans force entre mes bras : je t'enlacerai, je te presserai contre moi, je t'environnerai de mon amour, et, parcourant tes appas glacés, je te ferai renaître au rouge soleil de Cythère; je te rappelerai à la vie par une savoureuse et lancinante embrassade, jusqu'à ce que succombant moi-même, dans les plaisirs de cette ardente becquée, je sente mon âme m'échapper, s'écouler et passer sur tes lèvres. A cet instant, ma Néœra aimée, je soupirerai, bien bas, comme dans une agonie de volupté : Je meurs, je meurs, ma tant douce maîtresse, je meurs de plaisir et d'amour; prends-moi, recueille-moi, embrasse-moi de tes bras frais et potelés, je défaille et suis sans ardeur ni puissance. Tu me réchaufferas alors sur ton cœur embrasé; dans le parfum d'un de tes baisers tu m'insuffleras la vie et, m'éveillant peu à peu sous les mignards attouchements de tes lèvres empourprées et mielleuses, je redeviendrai de nouveau ton amant, ton seigneur et ton maître.

C'est ainsi, ma Néœra, que nous devons

arrêter la faux du temps, pendant les courts instants de notre bel âge. C'est ainsi, dans des douceurs cupidiques qu'il est sage de laisser s'écouler la jeunesse insouciante et rieuse ; le plaisir a l'éclat des fleurs nouvelles qui tôt se fanent et se dessèchent. Sans qu'on y songe, voici venir la morne et pénible vieillesse avec son cortège de douleurs, de tristesses, de regrets superflus la décrépitude, et la mort nous guettent : Le temps presse, Néœra aimons-nous.

V

La bouche féminine, pour coquettement appeler le baiser et évoquer le désir, doit être plus petite que grande, d'une heureuse harmonie, les lèvres bien tournées, délicates, ni trop écarlates ni trop pâles, colorées d'une pointe de carmin, légèrement retroussée aux commissures et scintillantes sous l'humidité des caresses attendues. Le rire y doit creuser des fossettes friponnes au bas même du visage, et découvrir, comme d'un écrin sort un rang de perles, des dents petites, bien enchassées également dans le vermeil des gencives et dont l'émail soit d'une blancheur japonaise à peine irisée. Le plus mince défaut buccal, pour un raffiné, est la mort des baisers d'amour; il ne faut point qu'une bouche soit ce qu'on appelait au seizième siècle : *un abreuvoir à mouches*, elle doit, au contraire, prendre des airs musqués et affriander les yeux qui la contemplent. Certaines bouches ne sont qu'avaloirs sans expression ; les lèvres grasses y bobandinent, les lourdes lippées y entrent, et les caquets en sortent, ce sont cavernes bien aviandées où tombent les lèchefrions de cuisine, mais où ne parviennent point les hautises des gentilles accolades.

Sur les bouches coïntes et mutines, on peut bailler le *Baiser à la pincette* qui donne moins d'importance au caprice du moment. Pinçant doucement les deux joues des doigts, il est ainsi loisible de dérober amoureusement un long et sonore attouchement des lèvres, dont on se défend toujours trop tard.

Le *Baiser à la dragonne* est moins civil, il violente, meurtrit et blesse comme un éperon c'est le baiser de l'étrier, la vigoureuse botte de l'escrime d'amour, c'est la caresse brutale de d'Artagnan à son hôtesse, c'est mieux encore la pratique faunesque des amants sabreurs de voluptés, qui ne prétendent point s'amuser à la moutarde ou qui ne savent pas déguster les douceurs des agaceries prolongées.

Le *Baiser à la florentine,* ou baiser *la langue en bouche*, ainsi que disaient nos pères, nous est venu, assure-t-on, d'Italie, bien que ce soit le baiser d'amour français par excellence et tradition. — Dans ce baiser les langues frétillardes se daguent, se dévergognent et se fringuent; c'est une accointance active qui émoustille et que les bons sonneurs des lèvres préféreront toujours aux fleurettes naïves des Agnès de couvent.

Après la France, l'Italie et l'Espagne ont adopté ce dernier mode d'embrassade passionnée. En Allemagne et dans le nord, l'amour est plus réservé, bien que dans les hautes classes slaves, par un aimable raffinement, on ait inventé dans des petits soupers galants, le délicieux *Baiser au champagne*, qui rentre plutôt dans le domaine des enfantillages libertins que dans le royaume de l'amour sincère.

En Angleterre, le baiser a pris les proportions d'une institution sociale : les blondes et sentimentales fillettes du Pays-Uni, pour ne pas s'inféoder à un amant, possèdent toutes plusieurs *Kissing-friends* ou bons amis embrasseurs, qui concourent, par différentes manières, à déployer leurs talents. Certains gentlemen, réputés excellents *Kissing-friends*, sont recherchés des meilleures sociétés et quelques-uns, spécialistes émérites, font des conquêtes plus nombreuses et causent plus de désespoirs, de suicides et de jalousies qu'un Don Juan issu de Lovelace. — Dans le confort d'un divan profond, *seule à seul* avec le *Kissing-friend* élu de ses lèvres, avec cet « *Exciting man,* » une jeune anglaise passerait des heures d'insondable volupté à se laisser biscotter dans le tête à tête, sans songer un seul instant à invoquer Vénus, à froisser ou à laisser froisser la tunique de la morale.

Les lettres d'amour, comme formules de civilités, sont nourries de baisers innombrables ; ils coûtent moins à écrire qu'ils ne coûteraient à donner. La locution « *mille baisers,* » est devenue plus banale, d'une familiarité domestique plus grande que la conjugaison du verbe *aimer*. Le poète, chevalier de Boufflers, le comprit fort judicieusemeut, en répondant à une dame qui lui envoyait un baiser :

>Vous m'envoyez sur le papier
>Un baiser qui bien peu me touche ;
>Baiser qui vient par le courrier
>Pourrait-il chatouiller ma bouche ?
>Votre chimérique faveur
>Me laisse froid comme du marbre ;
>Et ce fruit n'a point de saveur
>Quand il n'est point cueilli sur l'arbre.

Voltaire n'eut pas mieux dit dans ses épitres les plus malicieuses.

Madame de La Sablière, pour encourager un jouvenceau timide qui lui donnait un baiser furtif, lui murmura finement ce conseil :

Un baiser bien souvent se donne à l'aventure,
    Mais ce n'est pas en bien user ;
Il faut que le désir ou l'espoir l'assaisonne :
    Et pour moi, je veux qu'un baiser
    Me promette plus qu'il ne donne.

Parbleu !

VI

Le baiser a laissé sa tradition dans l'histoire et la mythologie ; Alain Chartier, le doux poète, l'homme le plus érudit mais aussi le plus laid de son temps, reçut pendant son sommeil un tendre baiser de Marguerite d'Ecosse, femme de Louis XI ; c'est ainsi que la chaste Diane, suivant la fable, descendait chaque nuit du ciel pour consteller de baisers ardents le corps du jeune et charmant Endimion.

Chaque femme cache un point sensible où se concentre le fluide nerveux de son organisme. Pour un amant fortuné, il s'agit de découvrir ce ganglion, cette clef des sens, ce ressort des félicités poignantes, ce défaut de la cuirasse que toutes maîtresses ont la science de ne pas découvrir et dont elles conservent mystérieusement le secret, sachant que la divulgation les livrerait à la merci du vainqueur.

Que de femmes prétendues froides et insensibles, ne paraissent telles qu'aux yeux des superficiels : Un homme paraît avec la philosophie de la volupté et la tactique de l'amour; il étudie, il cherche, il analyse les sensations qu'il procure; il fouille de ses baisers cette nuque, ce dos, ces bras avec la patience d'un inquisiteur de porte inconnue, dissimulée dans une boiserie, il ne néglige aucune saillie, aucune vallée corporelle, aucun repli de cet épiderme satiné, jusqu'à ce qu'il sente un frissonnement spécial qui est l'*Eureka* de ses recherches sensuelles. Heureux ceux-là qui ont la délicate persévérance d'arriver à leur but.

Connaître le point sensible d'une femme, cette partie solitaire de son être où le baiser frappe comme une balle ou éclate comme une grenade, c'est mieux que de la posséder, c'est l'isoler dans l'amour dont on l'environne, c'est couper la retraite à ses remords, à son inconstance, à ses faiblesses extérieures, c'est se l'attacher par un étrange mysticisme, c'est l'encloîtrer dans la dévotion libertine qu'on a su faire naître en elle. — Il est une force plus grande encore, c'est de connaître la recette des jouissances que l'on donne, et de feindre de l'ignorer pour ne pas mettre l'ennemi sur ses gardes.

Les baisers recevront toujours le culte des détrousseurs de cœurs et des cavalcadeurs à forte encollure; pour moi, je voudrais un jour traiter complètement un si brillant sujet parmi cette réunion d'études projetées dans un ensemble d'analyses voluptueuses ; les poussifs toussotteraient avec indignation, les prudes se voileraient en brûlant de me lire, et les francs vivans, sans hypocrisie, reviendraient souvent à ces dissertations, comme les femmes amoureuses reviennent à leur piano pour y jouer et rejouer les valses entraînantes. —

Je ne saurais mieux conclure ici cette courte étude que sur cette pensée remarquable de Byron :

« J'aime les femmes et quelquefois je renverserais volontiers la conception de ce tyran qui désirait que le genre humain n'eût qu'une seule tête, afin de pouvoir la faire tomber d'un seul coup. Mon désir, pour être aussi vaste, est plus tendre et moins féroce : J'ai souvent désiré, aux jours heureux de mon célibat, que le sexe féminin n'eût qu'une bouche de rose, pour y pouvoir baiser toutes les femmes à la fois depuis l'Orient jusqu'à l'Occident. »

— Quel rêve!!!

Voyage autour de sa chambre

VOYAGE AUTOUR DE SA CHAMBRE

REMINISCERE

> Les souvenirs sont comme les échos des passions ; et les sons qu'ils répètent prennent par l'éloignement quelque chose de vague et de mélancolique qui les rend plus séduisants que l'accent des passions mêmes.
>
> CHATEAUBRIAND.

LES sentiments deviennent frileux, quand le foyer reste vide. Ici même où une couvée de plaisirs était éclose, la tristesse seule sanglotte lentement dans le crépuscule des regrets superflus. — Une ancienne chanson d'amour voltige dans la solitude; dans ce nid charmant où l'on était si bien à deux, il ne reste que des rêves de volupté indécise et la sarabande enlaçante, mystérieuse et sinistre des souvenirs, ces revenants de l'âme qu'on évoque, qu'on chasse et qu'on appelle encore.

Les rideaux sont tirés; il règne dans la chambre un demi-jour, un silence où je me complais. La lumière a la crudité, l'effrayante clarté qui éblouit ou effarouche les yeux qui ont pleuré et qui ne veulent plus regarder ni voir; son éclat possède la brutalité et le frisson glacial des réveils subits; la pénombre plus douce, plus insinuante ne retire pas les bandages du cœur pour mettre la plaie à vif, elle frôle le doute, et, par gradations, comme une mère qui berce, elle assoupit la douleur et nous conduit avec des ménagements infinis au soleil de la réalité.

En pénétrant ici, j'ai senti dans l'air tiède un refrain du passé, quelque chose comme le parfum affadi des amples brassées de fleurs étincelantes que j'y avais jadis cueillies. Il m'a semblé voir onduler des lignes sur la dernière page du roman si tôt interrompu et un mirage trompeur a déroulé devant moi les sensations des caresses friponnes d'autrefois.

J'ai cru, ô farouche insenséisme de mon âme! J'ai cru qu'Elle se jouait devant moi ma maîtresse aimée avec son rire ambré, jaseur, exquis, tintant comme une argentine clochette à mon oreille charmée; j'ai cru entendre cette voix si fraîche vibrer d'amour aux échos de mon cœur. Dans le vague lugubre qui m'enveloppait, j'ai vu ma charmante amie se dresser debout à mes côtés, dans de légers tissus transparents, de couleur neutre, dont les plis amoureux se collaient à son corps de nymphette étoffée. Ses lèvres souriantes, d'une morbidesse savorée, se tendaient, se plissaient en avant avec la suave appétence des baisers attendus, ses bras souples, roses, polis, agaçants par la grâce aimable des fossettes rieuses, ses beaux bras douillets formaient une ceinture à mon col, tandis que je dévorais ses yeux pleins d'azur où le bonheur s'épanouissait dans la dilatation phosphorescente de ses prunelles.

La moiteur de son haleine passait, comme un souffle attiédi, à travers mes cheveux frissonnants ; mon cœur battait avec violence d'une épaule à l'autre, et, parmi les ténèbres plus épaisses, je pensais caresser, manier et affrioler ses formes rondes, charnues, veloutées que j'idolâtrai jusqu'au paganisme de la plus folle lubricité.

J'étais inquiet, agité, troublé de même que si j'eusse dû la posséder pour la première fois; la pauvre adorée! — Elle était là, devant moi, me regardant sous ses cils noirs plus longs qu'un *credo*, lisant dans mes sens l'hymne de mes désirs tandis qu'un vermillon très accentué passait sous ses joues pâles et porcelainées.

Hélas! fou, double fou! — Ixion croyant saisir la nue fut moins douloureusement surpris! — Alors que je croyais sentir le contact excitant de son épiderme, et que je m'élançais, éperdu, pour boire l'oubliance sur ses lèvres humides, la blanche vision a disparu. Je me suis agenouillé avec grand bruit à terre, mes mains crispées dans le vide ne saisissaient plus que le néant de mes fantômesques attouchements et la hideur de mon hallucination.

Pauvre moi ! — Il fallait me ramentevoir : J'accomplissais un pèlerinage à l'abbaye des défuntes ivresses, et je dus inventorier le passé, en marquant de larmes amères les heureux jours d'autrefois sur le calendrier des souvenirs.

Dans la chambre intacte et silencieuse, tous ses chers petits bibelots étaient là; sur la cheminée de brocatelle, la pendule restait muette et mon cœur seul battait avec force dans cette solitude où le sien, tant de fois, avait bondi et éclaté d'allégresse. — Faiblesse étrange qui me gagnait, douleurs sourdes et caressantes dont je me croyais à jamais guéri, mignardes hantises de mes dix-huit ans, je pensais vous avoir égarées à jamais et vous apparaissiez de nouveau ! —

O premières amours! délices profondes et vivaces! lorsque vous avez conquis la virginité de nos âmes, humé notre sang le plus vermeil, grisé nos sens vigoureux et naïfs, quand vous avez imprimé votre marque mordante et brûlante à la fois sur la fraîcheur de notre aurorale juvénilité, rien désormais ne vous peut effacer! — Les illusions, sous le doigt brutal de la vie réelle, s'évanouissent au toucher comme le prisme et la poussière d'or des ailes de papillons, le dégoût survient, la lassitude arrive, le scepticisme s'impose à l'esprit blasé, et, aux relais de chaque nouvelle conquête, la passion, naguère si fringante, devient plus poussive et aussi efflanquée que ces maigres chevaux de poste dont le trot retentit quand même, sous un harnachements de grelots sonores et étourdissants. — C'est en vain que le corps se brise et que le cœur se bronze ; la statue se souvient d'avoir vécu dans un éclair de joie, et vous, sensations neuves, premières caresses de notre puberté, éclose sous un regard de femme, nous ne pouvons vous oublier !

Premières amours, rosée de jeunesse ensoleillée, vous anéantissez les rêveries trompeuses de notre adolescence ; vous dévergognez notre vague idéalisme et nos sentiments puérils et mièvres, vous nous remettez le sceptre de notre puissance, en nous en inculquant gentiment l'usage, vous consacrez enfin notre royauté masculine en nous héroïfiant dans de valeureuses prouesses de virilité.

N'est-ce pas dans ce boudoir, où Vénus jamais ne bouda Cupidon, que je fis mes premières armes ? — N'est-ce pas ici même que je devins homme ? N'est-ce pas devant ces témoins inanimés, que la chérie, si follement dorlotée, me fit éprouver la mâleté de mes muscles ? — O douce mignonne ! quand je jetai mon cœur dans ton âme avec la furie des désirs qui se cabrent et l'impétuosité des prurits cuisants, quand je m'agenouillai pour la prime fois devant ta beauté absorbante, quand nos lèvres allangouries se donnèrent la becquée divine, alors, j'aurais dû cesser de vivre ; j'étais Dieu dans la Création ! En m'approchant de cette rouge fournaise du bonheur, je ne pouvais que rétrécir le cercle de mes sensations, et, avec l'instinctive philosophie du scorpion, il me fallait mourir de moi-même et par moi-même.

On ne contemple pas impunément les

radieux levers du soleil sans que les tristesses du crépuscule n'en deviennent plus affligeantes. — Ah! que ne puis-je reconquérir aujourd'hui cette aurore et cette exubérance de mon être !

C'est ainsi que j'étais étendu sur ce siège, accoudé sur cette table chargée des riens qu'elle aimait ; c'est ainsi que j'attendais sa venue du soir, avec des frissons d'espérance, mitonnant des caresses à offrir et des ébats à renouveler — : Elle arrivait toute envoilée, émue, souriante, presque craintive, et dès lors j'étais enveloppé dans une auréole de félicité ; le bonheur tient si peu de place ! — Déjà, avec ma force d'amoureux, je la prenais, la soulevais dans mes bras, la berçant comme un enfant avec des éclats de rire joyeux mêlés de baisers, je la pressais contre moi, rêvant de m'ouvrir la poitrine pour la loger toute entière dans mon cœur — folies suprêmes ! Extases divines ! pourquoi vous ai-je perdues ? Avec quelle passion je dégantais ces petites mainettes exquises, dont je baisais chaque phalange ; puis, dégrafant, délaçant, déchirant soie, dentelle ou batiste; avec quelle ivresse curieuse j'explorais les rondeurs embaumées de ce buste de déesse! — mes doigts ont encore conservé le tact voluptueux de sa peau de satin.

Elle luttait d'abord, se rébellait gentiment, puis se laissait faire, vaincue par ses désirs plus encore que par mes démonstrations passionnées; puis lorsqu'elle était assise, à genoux devant elle, déjà grisé par des ardeurs de faune, je déployais le verbiage de la chair et l'éloquence persuasive et enflammée des ambitions sensuelles. — Etais-je assez jeune ! assez neuf d'expression, assez vibrant dans l'enthousiasme de mes croyances ! — Je payais d'amour, argent comptant, en belles et bonnes pièces, frappées au bon coin de ma puissance de novice.

Et toutes ces mutineries ineffables, ces chuchottements de colombes au même nid, ces aveux à voix basse, ce bruissement de soupirs semblables à une confession, ces petits cris légers de bergeronnette effarouchée, ces spasmes, ces béatitudes, ces râles soudains, ces évanouissements et ce silence : — on eut dit d'un meurtre ; ce n'était qu'un doux larcin prêt à se renouveler.

Pendant près de six mois, ainsi j'ai vécu, comme une torche qui flambe. Sa chambre maintenant est solitaire ; la mort, en surprenant la pauvrette a fauché mon âme avec la sienne.

Dans ce cadre d'émail, voici son portrait, la douceur de son rire, l'éclat de ses yeux, le brillant de ses longues tresses blondes dont parfois dans sa nudité, elle se faisait un manteau d'or. Voici cette mignarde bouche humide et sensuelle, dont la friandise luxurieuse n'avait point de bornes, et, sous ses lèvres ardentes, j'entrevois encore la blancheur bleutée de ses dents de jeune chien qui marquèrent mes joues, mon col, mes bras et mon corps de ces empreintes enchanteresses qui sont espiègleries d'amour.

Portrait que je baise et rebaise, image trompeuse et sans expression, carton sans relief et sans vie, que n'ai-je la volonté de te détruire, alors que ma tant chère amante n'est plus ?

Dans les panneaux de chêne, ce n'est qu'un hideux squelette que les larves ont décharné ! Si mes sens pétillent sous la cendre encore chaude des éclatantes souvenances, la logique de ma raison me fait gratter la terre où elle est enclose, soulever le couvercle de sa bière et reculer d'effroi devant l'œuvre immonde de la camarde et du temps.

De telles pensées m'entraînent dans des songes funèbres et hideux où la matière putrescible fermente et se liquéfie. — Visage aimé, yeux tendres et expressifs, beautés corporelles, je me serais fait poëte ou sorcier pour vous immortaliser..... Ah ! qu'êtes-vous devenus lorsqu'un réalisme impitoyable me contraint à vous contempler !

. . . .

Elle s'est éteinte doucement un matin de mai, dans mes bras, au réveil, en parlant du printemps, des oiseaux et des fleurs; projetant de lentes promenades dans les bois reverdissants, souriante, dans sa pâleur, à l'idée des violettes cueillies sous la mousse et des baisers échangés pendant le gazouillis du rossignol. — Elle se faisait petite, gamine, caressante et capricieuse, m'enlaçant davantage et se renversant sur les guipures des oreillers — (ai-je souffert davantage dans ma vie qu'à cet instant où les larmes m'étouffaient comme une hémorragie interne?) — Sur la transparence de son visage le sang avait afflué, mettant du carmin sur la blancheur de sa chair avec le contact brutal du sang épandu sur un linge. Le soleil entrait dans la chambre et baignait les courtines du lit. L'œil fixant le vague, les narines dilatées, belle déjà de la froide beauté des vierges expirantes, elle évoquait la nature à son renouveau, et, dans le mirage de ses esprits, elle revoyait nos plus douces heures de plaisir, nos fuites dans la campagne, nos dîners dans les fermes au milieu des basses-cours tumultueuses, le petit coq qui sautait sur la nappe, ou le joli chat craintif qu'elle mettait à l'abri du despotisme d'un gros terre-neuve : — « Nous irons, dis moi, nous irons encore..., tu sais dans la vallée aux moulins, où nous nous arrêtions pour boire du lait, près du ruisseau bordé de saules où les *mamans canards* ont de si jolis poussins jaunes... et puis..., n'est-ce pas, nous ferons de grands bouquets ; la main dans la main, nous retournerons, bien seuls, dans les sentiers... ne dis pas non,... oh ! je suis si heureuse... si heureuse !... »

Elle parlait, parlait toujours, avec la poëtique éloquence des choses qu'on doit quitter et des sensations qu'on va perdre, sans en avoir conscience. — Elle s'épuisait peu à peu, et dans une douloureuse quinte de toux elle s'évanouit pour toujours, me serrant la main plus fort et murmurant encore faiblement comme un enfant qui s'endort :... *l'amour... avec toi,... c'est si bon ! —* ».

Pauvre adorée ! Certes, dans la fraîcheur de notre adolescence, l'amour c'était si bon, si plein de croyances, si rayonnant de clarté, si intime et si vrai — tu as aimé avec toutes les forces de ta candeur, et tu es sortie palpitante de plaisir, avant de goûter à la lie des désillusions et des infâmies, avant les tristes lendemains de la vie heureuse.

Je suis resté Moi et je t'aime encore, car tu es ma jeunesse, la franchise de mon âme et le miroir de mes premiers sentiments. — J'ai vu, depuis, que l'amour tel qu'on le comprend ou qu'on le fait dans le monde, et tel aussi que la société l'a créé, était un guet apens et je me suis armé contre les soupçons, les trahisons, les perfidies, les ruses et astuces de la femme, car sur la carte de tendre, on égorge les agneaux et la force indépendante de l'amant prime le droit d'esclavage du mari.

Dans cette petite chambre j'aime à revivre mon passé, je retrouve un calme langoureux et bienfaisant au sortir des orgies de la chair ou des lassitudes de l'esprit. — L'hiver j'allume de grands feux dans l'âtre, comme si elle allait revenir, gelée, avec cette toux profonde qui me faisait si mal, et qu'elle dissimulait dans un sourire morbide. L'été j'y viens donner audience au soleil, aux effluves printannières, je place près de moi son fauteuil vide, aux coussins de soie, ses petites babouches de velours blanc traînent à terre, et, sur le

piano ouvert, je place sa chanson favorite :
alors je parcours quelque vieux poète, les
yeux demi-fermés, le cœur engourdi, et il
me semble qu'au milieu d'accords confus
j'entends sa voix exquise murmurer comme
autrefois ces stances Ronsardiennes, sur
un rhythme enchanteur :

> Quand au temple nous serons
> Agenouillez, nous ferons
> Les dévôts, selon la guise
> De ceux, qui, pour louer Dieu,
> Humbles, se courbent au lieu
> Le plus secret de l'église.
>
> Mais, quand au lict nous serons
> Entrelacés, nous ferons
> Les lascifs, selon les guises
> Des amans, qui librement.
> Pratiquent folastrement,
> Dans les draps cent mignardises.

Je crois sentir le frisson de ses doigts sur
l'ivoire des touches, tandis que, comme
une berceuse, la mignonne poursuit son
chant avec une langueur plus accen-
tuée, plus émue et plus chaude.

> Pourquoi doncque, quand je veux
> Ou mordre tes beaux cheveux
> Ou baiser ta bouche aimée,
> Ou toucher à ton beau sein,
> Contrefais-tu la nonnain
> Dans un cloistre enfermée ?
>
> Pour qui gardes-tu tes yeux
> Et ton sein délicieux,
> Ta joue et ta bouche belle ?
> En veux tu baiser Pluton,
> Là-bas, après que Charon
> T'aura mise en sa nacelle ?

Sa voix dans ma pensée devient plus faible à l'approche de ces stances funèbres que nous répétâmes si souvent, sans songer à la réalité ; cependant la vibration de ses paroles tinte encore à mon oreille semblables à ces ballades allemandes qui s'affaiblissent en prenant fin :

> Après ton dernier trepas,
> Gresle, tu n'auras là-bas
> Q'une bouchelette blesmie,
> Et quand, morte, je te verrois,
> Aux ombres, je n'avou'rois
> Que jadis tu fus m'amie.
>
> Ton test n'aura plus de peau,
> Ni ton visage si beau
> N'aura veines ni artères ;
> Tu n'auras plus que des dents
> Telles qu'on les voit dedans
> Les testes des cimetières.

> Doncques, tandis que tu vis,
> Change, maîtresse, d'avis,
> Et ne m'espargne ta bouche;
> Incontinent tu mourras :
> Lors tu te repentiras
> De m'avoir été farouche.

Hélas ! sa douce jouvence est passée, mais elle ne peut se repentir !

Lorsqu'elle avait terminé cette suave mélopée, elle se levait brusquement et m'enlaçant par derrière, m'étreignant comme un être qu'on peut perdre, me renversant sur sa gorge, elle m'embrassait avec avidité, elle se donnait à moi, elle était affolée comme si elle eut compté ses jours et ses nuits, et juré de ne rien regretter selon les présages du poète vendômois.

En ouvrant ce tiroir je trouve ses lettres et les miennes : tout un roman qu'il faut laisser inédit, à l'abri du vulgaire. Une à une, je les relis sans y trouver de quoi brutaliser la délicatesse de mes souvenirs; ces tendres billets parfumés ont une candeur de passion, une verve d'amour, un brillant d'expression qui me transportent. Le

cœur a son style et son éloquence, l'un et l'autre sont simples et touchants, ils frappent plutôt l'âme qu'ils n'éblouissent l'esprit; ils ont le pathétique de la foi et la grande beauté des paroles soudainement issues des sensations mêmes qui les ont fait proférer.
— A quelle école autre que l'amour, une femme pourrait-elle apprendre un art si fin d'analyse ? Sur quelle palette d'adjectifs, dans quels dictionnaires des passions puiserait-elle ces nuances expressives, à la fois sobres et alambiquées ?

Le cerveau livre hâtivement ses trésors quand l'incendie est allumé dans le cœur et que la raison en s'enfuyant laisse tout au pillage des sentiments majeurs. — Il est des pages qui me feraient pleurer et rougir de plaisir au même instant, il en est d'autres que je déguste savoureusement dans ma tête, comme ces sucreries quintessenciées qu'on laisse fondre en gourmet sur les muqueuses les plus sensuelles. Jolies pattes de mouches, coquetteries féminines, petits mots doucereux, locutions adorables, néologismes venus de l'âme, à quelle littérature peut-on vous comparer ! Comme Mme de Sévigné est froide et minaudière auprès des vivantes amoureuses et des brûlants épistoliers.

Près de ses lettres, dans une vaste cassette de Lapis-lazuli enchassé d'or, sa longue chevelure blonde est étendue plusieurs fois roulée sur elle-même. Elle me l'avait promise maintes fois, et lorsqu'elle resta blêmie sur l'oreiller, froide et presque violacée, j'eus l'héroïque volonté de couper moi-même cette toison superbe, je fis crier les ciseaux dans cette chevelure ruisselante, à la racine, et je me pris à sanglotter puérilement, quand je vis cette chère petite tête de morte, rase, mignonne et garçonnière, comme ces visages étranges de babys des peintures anglaises. — N'ai-je pas eu depuis souvent la faiblesse de sortir ces nattes de leur écrin, de les baiser avec passion, de les manier, de les tresser, de me complaire à les enlacer autour de mes bras, de mon cou et quelquefois de m'endormir avec elles. — On a dit avec vérité : En amour plus on est délicat, plus on s'amuse aux bagatelles. Mais ces bagatelles des amours défuntes, de quel nom peut-on les nommer ?

Ici, dans un coffret étroit de bois de rose, je retrouve une branche de lilas fanée, cueillie, au printemps de l'année, dans l'Eldorado des jouissances complètes, à la campagne, pendant une nuit étoilée et sereine où j'éprouvai, en sa possession, des sensations si fraîches et si entières que je fus heureux jusques aux larmes. Nulle page de mon existence galante n'a pu et ne pourra jamais effacer la félicité immense, l'épanouissement de joie intime qui me ravit alors en faisant tressaillir jusqu'aux fibres les plus tenues de mon être.

Rien ne nuit tant au temps que le temps, disait Machiavel. Il en est ainsi des regrets qui sont tués par les souvenirs, ceux-ci demeurent plus doux que ceux-là, moins violents et plus flatteurs ; l'imagination rétablit l'harmonie après le fracas des premières douleurs, et je reviens ici, dans ta chambre, ma mignonne, plus calme, plus amoureux du passé que jamais. Je me plais à cohabiter dans ce milieu avec tout ce qui fut à toi et tout ce qui fut sur toi ; bijoux, soieries et toilettes, bonbonnières et éventails, jusqu'à ces tissus intimes qui emprisonnèrent tes grâces ondoyantes et tes beautés secrètes.

Et vous objets qu'elle aimait, livres d'amour que nous lisions ensemble, gravures friponnes, statuettes légères de Saxe, petits miroirs qui doubliez sa beauté; glaces qui reflétiez nos plaisirs, je vous contemple avec ivresse et ne puis vous quitter. Larges divans, coussins moelleux, tapis d'Orient, tête à tête évocateur de caresses, toi surtout lit babillard ; vous tous, Meubles, champs de bataille de nos tournois d'amour, vous qui me vîtes tour à tour Hercule et Adonis, amant vainqueur et amoureux vaincu, vous resterez toujours mon bien, ma possession, car avec elle et dans votre confort j'ai oublié la vie, car sur vous j'ai sablé le bonheur dans le hanap des voluptés, sur vous aussi j'ai semé avec insouciance, ma jeunesse et mon sang, ma cervelle et mon âme, le meilleur de mon moi, ma sensibilité du cœur et ma virilité des sens.

O. la seule amante aimée, je reviens chaque jour faire ce tendre voyage autour de ta chambre, me rappeller ta grâce et tes fructicoseux baisers, car ne pouvant sentir tes palpables réalités, je pense avec Brantôme, ce cavalcadour des *Dames galantes* qui t'égayait si fort, que, si le plaisir amoureux ne peut toujours durer, pour le moins la souvenance du passé contente encore.

Ephémérides des Sens

EPHÉMÉRIDES DES SENS

<blockquote>Vénus sauve toujours l'amant qu'elle conduit.
H. Delatouche.</blockquote>

A Madame ***, a Paris,

Votre lettre, mon amie, avant de me parvenir, a couru le monde comme une folle aventurière. Je l'ai reçue seulement il y a quelques jours, dans ma mystérieuse retraite. La poste encore l'avait-elle marquée d'estampilles plus nombreuses que celles que nous vîmes, s'il vous en souvient, certain soir, sur le passe-port d'un envoyé chinois. Vous me mandez qu'absent de Paris depuis près de dix-huit mois, on daigne s'inquiéter fort de ma disparition dans le milieu élégant et féminin où j'avais coûtume de me laisser vivre. Les gageures sont ouvertes, dites-vous, et, tandis que l'envahissante comtesse de C*** professe, avec des sous-entendus, l'opinion que je suis retiré dans quelque Chartreuse à chanter matines sur les dalles froides d'un prieuré, la jolie petite baronne de P*** tient pour un mariage, en due forme, avec voyage circulaire à prix réduit autour de la lune de miel. — La plupart de vos belles amies protestent cependant, et affirment avec raison qu'un misogame aussi entêté que je le suis, ne saurait contracter des liens si légitimement contraires à ses opinions. La tendre et vaporeuse madame de L***, concluez-vous, ajoute en soupirant qu'une douce et enlaçante passion m'enclôt dans les roses du plaisir et des délices partagées; seule, la vieille douairière hoche la tête dans son fauteuil et déclame sentencieusement contre les équipées inconséquentes de la jeunesse.

Le tableau est bien en place, et je le vois d'ici, avec la mise en scène de votre salon délicieux, au milieu des allées et venues de votre jour de réception. — Eh bien ! mon adorable petite reine, toutes ces caillettes, dans ce gentil jeu de *cache-cache* et de *devine-devinotte,* brûlent peut-être, mais ne découvriront pas assurément le but réel de mon exil volontaire et les causes dominantes de mon séjour aux champs.

Laissez-moi vous dire que je vous soupçonne tout particulièrement d'une haute dose de curiosité à mon endroit, et peut-être, par esprit tracassier, devrais-je laisser languir votre attention pour donner plus longtemps carrière aux broderies ravissantes de votre imagination. La vérité tue le rêve que le mystère nourrit ; je veux bien croire cependant que l'intérêt que vous n'avez, en toute occasion, cessé de me témoigner, vous donne quelques droits à mes confidences ; mais aujourd'hui, il ne s'agit pas seulement d'un petit conte saupoudré de sel grivois, d'une anecdote scandaleuse, ni même d'un récit purement galant ; les faits que j'ai à vous exposer rentrent dans le domaine de la confession intime et complète, je vous fais donc mieux qu'une confidence, et, pour bien écouter les variations fantastiques et mélo-dramatiques de cette aventure, je réclame votre recueillement. Ordonnez donc à Rosine de vous laisser seule et de condamner votre porte, puis daignez me donner audience, à huis-clos, comme autrefois, dans ce galant oratoire tendu de crêpe de chine bleu pâle, sur le moëlleux confessionnal de votre causeuse, où pendant d'heureux jours, l'amour — qui sait, peut-être le caprice — fut en tiers entre nous.

Ma lettre vous semblera sans doute longue, à moins que la curiosité féminine ne vous donne du courage; quoiqu'il en soit, comme accessoires des sensations où des sentiments qu'elle peut provoquer, munissez-vous d'un mouchoir de fine batiste, d'un flacon de sels anglais, d'une boîte de pastilles ambrées, de votre mignon éventail, paravent de la pudeur, et maintenant écoutez-moi. Vous me connaissez assez pour ne pas mal interpréter la brusquerie de certaines locutions; j'ai appris pour ma part à apprécier votre bonne camaraderie qui ne s'effarouche pas trop des façons garçonnières, et je vous détaillerai mon cas avec la familiarité d'une causerie d'homme à homme.

Il vous souvient sans doute que, la dernière fois que j'eus l'honneur de vous voir, je vous fis part d'une grande résolution qui paraissait devoir être inébranlable. Je m'étais décidé — dois-je vous le rappeler, — à ne posséder, quoiqu'il advint, mes maîtresses *qu'une seule fois*. Cette détermination vous fit rire aux larmes, et vous vous moquâtes de moi comme un joli petit démon, croyant à une nouvelle boutade de mon esprit inquiet, lorsque ce n'était que la résultante de raisonnements basés sur la logique la plus galante.

Je mis donc ma volonté au service de mon jugement; je me pris la main et me fis le serment de ne pas faillir aux engagements que je m'étais imposés. Je rompis tout d'abord avec madame de N***, que j'avais prise par un instinct curieux; on disait tant de petites calomnies sur ses goûts et l'étrangeté de son être, que je me devais à moi-même de constater la vérité, et je dois à celle-ci de proclamer hautement l'exagération du bruit public. Madame de N*** se montrait, j'en conviens, un peu excessive dans la manifestation de ses désirs, mais aussi elle était tendre à l'extrême, attentive à tous les raffinements du bonheur, servile dans le plaisir et incitante au possible. Je la quittai presque avec regret, cependant, comme il faut se méfier des feux qui durent trop et qui dessèchent ceux qui en sont l'objet, je me retirai brusquement de ce corps en combustion dont quelques journées de larmes eurent probablement raison.

C'est alors mon amie, que je déployai ma devise en liberté. — *Never more*, disais-je, et tous les échos de mes esprits répétaient *never more*. Je saluai une légion de maîtresses de cet axiome sans espoir; je les avais eues toutes selon mes principes, et aucune ne voulait s'élever à la hauteur sublime de ce : *jamais plus*. Ce fut une chasse à travers les taillis de Paphos. Les

Nymphes cette fois couraient après le faune, et le pauvre satyre, acculé par ces diables roses, toujours volontaire et toujours répondant : *jamais plus*, luttait encore davantage au-dedans de lui-même que contre l'enlaçante et inexorable poursuite de ces démoniaques.

Je pus m'apercevoir, en cet instant, que les femmes sont semblables aux enfants qui balbutient : *encore*, et je vis que dans une existence de célibataire, on doit craindre plutôt l'excès de l'amour que la créance du plaisir. Mes mutines créancières se rébellaient, toujours vaillantes, jamais lasses, elles suivaient pas à pas mon ombre, comme ces louves ardentes qui rôdent aux alentours des fermes, dans la campagne, à la piste d'un vigoureux mâtin. Ce fut un orage déchaîné sur ma tête pendant de longs mois; chaque jour en totalisant ma dette à l'éternel féminin, je l'augmentais davantage. — Lettres, visites de toute heure, imprécations, supplications, menaces, pâmoisons, sanglots étouffés, rien ne me fit défaut ; dans ce siège en règle autour de ma puissance virile, et de ma passive résistance, la rivalité des assaillantes paraissait en outre exciter leur ardeur.

Souvent, au milieu de ces longues plaidoiries du désespoir, j'étais sur le point de m'attendrir ; je contemplais des visages amaigris, des yeux brûlés par les larmes, des chevelures défaites et des corsages entr'ouverts qui avaient l'éloquence de la chair, j'écoutais des voix câlines, harmonieuses, frissonnantes d'émotion, mais, sur le point de céder, je me redressais, dans toute mon intégrité, et reprenais ma force et l'énergie romaine et pontificale de mon : *non possumus.*

Auprès de mon apparente froideur, la sensualité brûlait comme un encens, m'apportant au cerveau une griserie de luxure, et il me semblait parfois, que, semblable à un dieu sculpté dans du marbre, je devais regarder d'un œil indifférent la flamme de ces âmes aimantes qui se consumaient vainement comme autant de longs cierges de cire devant ma majesté souveraine. Ces passions incandescentes m'avaient déifié ; aussi, pour conserver le culte de ma volonté et rester fidèle à ma foi jurée, je demeurai impassible et sourd aux prières comme toutes les divinités. — Sur mon front marmoréen, n'avais-je pas opiniâtrement gravé : *never more ?*

Si j'osais, mon amie aimée, vous conter plus d'un détail, et vous montrer comment ces femelles éperdues s'offraient à moi, s'agriffaient à ma tête, à mon cœur, à mes sens surtout, vous ne voudriez point me donner un démenti, mais je gage, qu'en vous-même vous seriez incrédule, et songeriez que l'humanité est plus digne, plus altière, et que la créature faite de limon est moins bestiale dans ses appétences charnelles ou plus retenue dans l'expression de ses désirs.

Afin de calmer un peu ces agitations, de me donner un léger repos en me *désennamourant* tout-à-fait, — sans toutefois renoncer à une pratique dont la théorie était si chère à mon jugement et par suite à ma vanité, — je pris un biais et mis du sentiment dans du Marivaudage; c'était doser la sottise en pralines, direz-vous, mais la sentimentalité, ainsi qu'un masque de satin, devait me préserver du hâle que causent toujours les ardeurs de la passion trop militante. Je jetai, à cet effet les yeux sur madame V***, douce et langoureuse comme une tourterelle blessée; je me présentai à elle sobrement, comme converti par sa candeur extrême, et la mystifiai au point qu'elle crut voir en moi le plus dévot des disciples de Platon.

Madame V*** n'était pas encore un de ces fruits murs, duveteux, provocants, aoûtés dans l'exubérance de leur carnation superbe, c'était une petite fleur fine et délicate, qui devait s'épanouir aux baisers de l'amour et s'effeuiller aux premières froidures de la galanterie. Elle accusait par sa beauté fluette tout au plus vingt-deux printemps, et toutes ses manières révélaient un sentiment candide, comme une virginité ouatée d'idéal. Son mari, un petit vieux sec et à voix fêlée, était pareil à ces saules brisés, rabougris, trapus, difformes, où ne nichent plus que les hibous et semblables encore à ces cloches ébréchées dont manque le battant. — Madame V*** était mariée devant le monde et sacrifiée devant l'hymen. — Une telle conquête devait me tenter, mais j'étais si las de libertinage que je songeais plutôt à surprendre son cœur qu'à posséder ses charmes. Avec mon but immuable de ne jamais renouveller ma reconnaissance à la banque de l'amour, vous pensez bien, mon amie, que, eussé-je dû l'avoir (puisque la nature même conduit à la possession en dépit du sentiment) rien ne me hâtait absolument, bien au contraire. Je pouvais donc tirer les cartes avec la mine désintéressée d'un homme qui ne tient point à gagner la partie.

Je fis ma cour assidûment à madame V***, parlant d'amour avec l'expression d'une âme dépêtrée de la matière, toujours réservé, ponctuel, Tartuffe en diable, demandant à baiser une mitaine et ne paraissant jamais troublé par des sensations corporelles ; un anglais, élève de Brummel, eût envié mes procédés corrects ; je poussais bien quelques soupirs, mais ne les soulignais point, dans l'espérance qu'ils arrivaient affranchis à leur adresse. On ne quitte guère les voluptés que par lassitude, disait Saint-Evremont, c'était mon cas, et malgré mon nouvel itinéraire d'amoureux, je me considérais comme en villégiature au milieu des puérilités de mon comédisme de jeune premier. Je traitais madame V*** en flaneur ; la promenade pour moi avait l'agrément des lentes démarches à travers champs, sans avoir l'attrait d'un rendez-vous des sens ou l'intérêt d'un but immédiat à atteindre.

Hélas ! le croiriez-vous, ma sentimentale et innocente amante progressait en sens contraire à mes idées ; chaque jour le feu s'allumait davantage sur ses joues, dans ses yeux et sur l'incarnat de ses lèvres ; elle devenait craintive et semblait se défier d'elle-même ; quelquefois elle me fuyait et je la laissais faire, mais aussitôt elle revenait avec une lueur de tristesse, comme si elle se fut trouvée toute esseulée loin de moi. Déjà ses mains touchaient les miennes avec plus de fièvre et de moiteur, déjà aussi je crus entrevoir ces petits mouvements brefs, saccadés, inquiets, qui indiquent des affections névritiques chez la femme troublée. Ces constatations me causaient à la fois un plaisir mystérieux et un désespoir étrange ; l'école buissonnière avec elle m'était agréable, et je songeais qu'en entr'ouvrant la porte d'un bonheur fugitif, elle allait créer à jamais entre nous l'abîme des paradis perdus. Il me faudrait la sacrifier, après une initiation incomplète aux joies terrestres, pour ne pas mentir à la manifestation de mes opinions volontaires, et cette situation ambigüe de mon esprit, — qui semblera ridicule aux âmes faibles, — me plongeait dans l'inquiétude et la crainte de faillir plusieurs fois, après le plaisir unique à la jouissance duquel je devais m'astreindre.

Vous qui connaissez les luttes de mes sentiments dans l'arène de ma cervelle, vous comprendrez les conséquences de ma lubie, ô ma charmante amie ; le despotisme de mes caprices vous a laissé d'assez nombreux souvenirs pour que vous puissiez vous mettre à la portée de mes querelles intérieures en cet instant, sans me taxer de folie. Tel ce petit savoyard qui n'avait qu'un pauvre sou à dépenser, s'en allait, hésitant s'il achèterait l'orange que convoitaient ses désirs ou s'il conserverait son joli sou pour ne pas mordre à la gourmandise de ces pommes d'or; tel j'étais, et j'avais bien envie de conserver mon pauvre petit sou de savoyard têtu, pour le jeter aux mains d'une femme moins sincère et plus friponne que madame V***. — Celle-ci me prit mon sou, cependant, et voici comment, sans trop de détails inutiles ou d'analyses oiseuses.

Un soir d'été qu'elle était « *veuve,* » à la campagne, nous nous trouvions ensemble, après dîner, dans un pavillon désert auprès d'un grand parc ; c'était l'heure douce et attristante du crépuscule, quand le soleil rouge descend à l'horizon et que la mélancolie, comme un fluide magnétique, plane sur la nature qui s'endort. La journée avait été chaude, et tous deux, dans la pénombre, nous semblions bercer des rêves vagues sans songer à nous parler. Dans l'air tiède, montaient lentement avec une harmonie pénétrante, le cri monotone des grillons sous l'herbe, et le coassement inégal, plaintif et lointain des grenouilles, dans les marais voisins ; quelques oiseaux attardés battaient encore de l'aile sur le sommet des grands chênes, et dans la vallée, des jeunes filles et des gars à voix mâle chantaient une ancienne ronde du pays singulièrement rhythmée, dont le refrain nous arrivait affaibli mais distinct:

> L'amour carillonne,
> Et j'entends qu'il sonne
> Du haut du clocher,
> L'heure du berger.

Je dois avouer, qu'en cet instant, j'éprouvai et sentais renaître en moi toute la poésie amoureuse et toutes les amours poétiques de mes dix-huit ans ; un sentiment profond m'envahissait ; je me croyais frôlé par de singuliers frissons dans le dos et mes yeux étaient humides de bonheur. J'entendis deux longs soupirs auxquels je répondis ; nos mains se rencontrèrent, se pressèrent avec force, je m'agenouillai près d'elle, et la renversant audacieusement dans mes bras, je dévorai gloutonnement le plaisir sur ses lèvres. — Ah! mon amie, j'étais perdu!

. . . .

Quelle prostration j'éprouvai en sortant de mon ivresse, en me rappelant mes engagements et en pensant à ceux qu'on allait exiger de moi. Je ne proférai pas une parole, mais je pleurai presque comme un enfant, bêtement, sans savoir pourquoi. J'eus honte en ce moment de ces larmes bienheureuses qu'elle entendait couler, je voulus les excuser pour me redresser à mes propres yeux, et comme elle me demandait timidement, avec ce ton adorable de Chloé à Daphnis : « *Pourquoi pleures-tu ?* » J'eus une réponse horrible, folle, pleine de mépris pour l'humanité, pour l'amour, pour les femmes et pour moi-même, je fis cette réponse cynique. — ... Pardonnez-moi..., mon amie, dois-je oser ? — Je répondis,— ma foi, j'aurai la crânerie de vous le répéter. — Je répondis avec une sorte de férocité et de rage insensée :

« *Quand on pense que les chiens font cela !* »

En proférant ces paroles, je devais avoir un air farouche, car l'impression qui me les avait dictées était sombre et cruelle. C'était donc là où cette sentimentalité si trompeuse m'avait mené insensiblement ? C'était donc là le corollaire inévitable des passions sacrées entre sexes différents ? Je m'étais accoutumé avec elle à vivre si entièrement en dehors de mes sens que cette rebellion de la chair inassouvie m'écœurait comme si, en voulant planer dans les airs, je fusse tombé dans la boue avec un cri indigné contre ma pesanteur individuelle.

La pauvre femme était atterrée; la gracieuseté de sa chute s'effaçait devant la flétrissure imposée à la mienne, ses remords se taisaient pour ne pas surexciter les miens davantage. Vous jugez bien cependant que je n'étais pas homme à ne point profiter de ma cruelle réplique, et je mis à profit cet éclair de démence, puisque mon petit sou d'auvergnat m'était si irrémissiblement dérobé.

Je devins un cabotin infâme, je parlai de nos devoirs, des souillures du péché, du vide que le plaisir laisse toujours après lui ; je fis appel à sa raison, à ses souvenirs d'enfance, à ses joies de fillette, j'invoquai même la loyauté de l'époux qui lui avait donné son nom et l'honorabilité des liens qu'elle avait contractés. Pour moi, dans ce sermon attendri, je me frappais la poitrine et me désespérais avec une émotion communicative, tour à tour m'indignant contre ma propre faiblesse et les insinuations de Satan, et tour à tour aussi, projetant de m'imposer de dures pénitences, et de vivre à l'avenir dans une sagesse continente et une austérité claustrale.

Tout ce fatras jésuitique fit un grand effet sur madame V*** ; elle sanglotait silencieusement et me contemplait comme un pontife en mission divine. Elle aussi s'accusait avec un fanatisme de dévotion très sincère. Peu à peu, je la calmai, battant en retraite, et, élargissant le cercle de la clémence céleste, je devins biblique ; si bien que quand je pris congé d'elle, nous nous étions promis de demeurer unis dans une affection intime et toute spirituelle.

« Merci, ô merci, soupira-t-elle en me quittant, que vous êtes bon et grand, je suis tombée pour vous, mon ami, je me relève par vous ; je ne l'oublierai point, votre grandeur d'âme vous place au-dessus de votre amour ; merci. »

Pauvre petite créature, moi non plus je ne l'oublierai point, j'avais si bien joué mon rôle avec elle, que je l'aime avec ce sentiment à part que doivent éprouver les comédiens lorsqu'ils songent, avec l'ivresse du triomphe, aux glorieuses soirées où ils se surpassèrent. Je la revis depuis toujours douce et pudique et toute confite en religion. — Mon Dieu ! aurai-je sauvé une âme après en avoir tant égarées !

Nous voici tout au plus, ma lectrice, curieuse, aux deux tiers de mon histoire, et je ne répondrai pas d'être aussi bref que je le voudrais dans le récit qui va suivre et qui vous révélera les motifs honorables de mon incognito. — Pour peu que vous affectionniez l'esprit des paraboles et la morale mise en actions, vous ne manquerez pas de faire ressortir, en ce qui me concerne, la vérité reconnue de cet axiome vulgaire : on est toujours puni par où l'on a péché. — Prenez cependant un temps de repos, éventez-vous légèrement, croquez une de vos pastilles à l'ambre, renversez vos grâces avec plus d'abandon sur votre causeuse, et enfin écoutez les faits lamentables qui m'ont conduit dans la chaumière rustique d'où je vous adresse ces lignes.

Pour ménager tout retour offensif de madame V***, je me mis à voyager.

Pendant deux mois je courus la Belgique, la Hollande, la Suisse, pratiquant avec une aisance merveilleuse mon procédé d'amour. En voyage on aime à la nuit, ceci rentre dans les convenances, on ouvre tout au plus sa valise et l'on entr'ouvre à peine son cœur. — Entre deux trains on embrasse une femme, avec la notion du temps qui s'écoule, en se disant qu'on dégustera en wagon ses sensations par le souvenir.

Il me faudrait ouvrir mon carnet pour vous narrer mes innombrables échappades amoureuses, et la liste détaillée de ces plaisirs sur le pouce risquerait peut-être de vous affadir. Revenons donc au point qui vous intéresse réellement pour ne plus le quitter.

A Genève, pendant un trajet sur un des petits vapeurs du lac, dans un milieu cosmopolite de touristes, mon attention fut attirée par la remarquable beauté d'une femme assise à l'écart, qui regardait avec une attention vague et blasée les sites pittoresques qui sont reproduits avec tant de profusion banale sur tous les presse-papiers bourgeois ou les tabatières à musique.

Je pourrais, mon amie, vous en dresser un portrait saisissant, vous la montrer accoudée et rêveuse à l'avant du paquebot, vous décrire tous les brimborions de sa toilette de passagère et vous faire un délicieux petit pastel ou une eau-forte très mordue, très fouillée et burinée avec des ombres profondes, des méplats larges et bien en lumière ; je pourrais, de ma plume, tracer l'ébène de ses sourcils, l'abondance fauve de sa chevelure, busquer son nez aux narines fières et voluptueuses, arquer ses lèvres dans l'indifférence et le dédain de leur expression, faire jaillir le feu de son regard, arrondir ce menton dans sa proéminence volontaire et contourner la petite conque adorable de son oreille sans bijoux, mais ces peintures nous égareraient bien loin. Les romanciers qui se livrent à cette chromo-lithographie littéraire ont d'excellentes raisons pour remplir les trois cents pages de leurs œuvres de petits traits qui trompent l'œil; ici, rien de cela, vous trouverez tous ces clichés de gravure en relief parmi le fatras des bas bleus ou des imitateurs de Châteaubriand; les meilleurs romans peuvent tenir dans un conte de cinquante pages, le reste est accordé à la badauderie des détails et je vous sais trop pratique, trop *Lady like* pour ne pas en user brièvement avec vous.

Cette inconnue m'attirait, me fascinait par l'étrangeté de son allure et le charme exotique de sa beauté nettement originale; vous savez ces vers du classique Corneille :

Il est des nœuds secrets, il est des sympathies
Dont, par un doux rapport, les âmes assorties,
S'attachent l'une à l'autre et se laissent piquer
Par ce je ne sais quoi qu'on ne peut expliquer.

Il y avait sûrement une parenté entre nous, moins parenté des cœurs que parenté des sens et des caractères. Platon comparait les sexes à des moitiés de poire qui cherchent leur seconde moitié; c'était presque mon autre moitié; les pepins, ces yeux du fruit, recherchaient les pepins saillants des deux sections. Tels, en dehors de tout esthétique, des tronçons de ver de terre coupé rampent instinctivement vers le même point pour se souder l'un à l'autre.

Je la suivis à Vevey, à Divonne, à Lausanne, je me fis son ombre muette, me profilant sur sa route pour mieux m'insinuer dans sa vie; dans les hôtels, aux tables d'hôte, au *Reading room*, dans les couloirs, jusque dans les ascenseurs elle me trouvait à ses côtés; je ne dormais que d'un œil afin d'épier ses fuites matinales; nos valises se heurtaient dans les gares, nos coudes se frolaient en wagon, mais à part des politesses d'usage et des paroles timidement échangées, j'éprouvais comme une jouissance particulière à sentir battre mon cœur à l'unisson du sien, sans que j'éveillasse sa délicatesse féminine par une sotte déclaration. L'expérience m'a toujours prouvé que plus les amours paraissent languir dans la crainte d'un aveu, plus vite ils se fusionnent d'après la loi de la nature. La prise de possession ne m'inquiétait guère et je laissais flamber mes désirs autour d'elle comme autour d'un *pudding* la flamme d'un punch qu'on attise et agite avec insouciance. Mes théories ne mettaient qu'une corde à mon arc et je songeai qu'il me faudrait débander trop tôt cet attribut de Cupidon... — vous n'oubliez pas... mon petit sou d'auvergnat ?

Ah ! petit prêtre ! ainsi que jurait le bon roi Louis, pouvais-je me douter que le hasard, avec son esprit du diable, allait se charger de nous accointer forcément, de la manière la plus incroyable et cependant la plus simple, puisque déjà, du moins je le sentais, nos cœurs ardaient et nos corps se voulaient entièrement.

Un soir, après une journée de diligence, pendant laquelle notre taciturnité ne s'était point donnée le moindre démenti, mais aussi au cours de laquelle, dans l'encaissement d'un coupé, nos épaules et nos mains s'étaient pressées jusqu'à la courbature et la fièvre des voluptés contenues, nous descendîmes côte à côte dans une auberge où un dieu malin nous attendait sous l'apparence d'un suisse hospitalier et de belle mine.

S'il me fallait vous dialoguer l'aventure, cela vous paraîtrait assurément plus pittoresque, mieux exposé, mais peut-être aussi peu vraisemblable. L'auberge était isolée et si hautement bondée d'Anglais et de *Cook's travellers* qu'il ne restait qu'une chambre, une honnête chambre à deux lits. — L'obséquieux majordome, d'un coup d'œil expert, nous prit assurément pour deux jeunes époux très désireux de passer la nuit sous le même plafond ; nos colis furent hissés de concert dans un Eden de troisième étage ; — je me gardai bien de protester, mais elle..., jetez de grands cris d'incrédulité, belle parisienne..., mais elle, avec une surdité aussi forte que la mienne, laissa tout aménager pour deux et ne proféra pas une parole contradictoire. — Je croyais rêver, mon cœur battait à se rompre, mais d'une voix aussi impérative que possible, j'ordonnai qu'on montât le souper dans *notre* appartement.

Quel souper ce fut là ! — A l'époque de nos amours, ma charmante souveraine, nous n'eûmes jamais d'ambigus aussi relevés, dans le boudoir même où vous lisez cette lettre. — Sous le regard glacial mais inquisiteur de notre officier de bouche cravaté de blanc, nous fûmes absolument corrects, parlant peu, avec ce flegme et cette indifférence d'américains à table ; les plats défilaient comme au théâtre pour la parade, c'est à peine si nous effleurions de la fourchette les truites roses ou les sanglants roastbeefs.

Lorsque les compotes et autres variantes d'entre-mets furent enlevées, quand nous fûmes seul à seul, je retirai la clef de la porte que je fermai à l'intérieur, et m'élançant audacieusement à ses genoux avec un bonheur véritable, je m'écriai simplement : *Enfin!* et *Merci!* — La première exclamation était pour moi, la seconde était pour elle.

Vous direz peut-être que tout ce récit est d'un fol qui frise l'impertinence et que tout auteur qui se respecte n'oserait jamais concevoir même un roman sur une donnée aussi improbable. Vous avez foi en ma véracité cependant, et vous me permettrez de ne pas trop argumenter sur ce sujet. La fin de cette lettre vous fera comprendre davantage pourquoi je ne puis m'étendre plus amplement dans cette description sous peine de me fatiguer. Au printemps tout est tendre dans la nature et le règne végétal ne peut subir de trop grandes pressions barométriques ; ainsi, dans mon renouveau, avec un doux bégaiement de convalescence, l'écrivain se cherche encore et ne se retrouve qu'à moitié dans ma cervelle engourdie. — Plus tard! ah! plus tard, je vous donnerai des détails qui ne vous laisseront aucun doute sur la parfaite authenticité de mes assertions.

Ne vous imaginez pas néanmoins que les choses se passèrent à la dragonne entre nous; je fus très respectueux, très décent, très loyal avec mon étrange camarade de chambre. Cette nuit-là, vous me croirez si bon vous semble, mais les deux lits furent absolument défaits et solitairement foulés; ils se rapprochèrent peut-être, mais ils ne se confondirent pas; nos soupirs faisaient un pont entre nos cœurs et je parus oublier tout-à-fait les galanteries hatives du dix-huitième siècle pour ne me souvenir que des continences de l'école de Salerne.

Pouvais-je changer en centimes ou en liards ma petite pièce unique? — Certes non, il faut laisser vieillir l'amour comme le vin pour le boire, s'il est de bon crû, et j'attendais le moment psychologique. — Un caprice qu'on néglige de satisfaire aussitôt, tout en l'excitant, se nourrit d'espoir, prend du ventre et devient passion. Or, je n'aime point que les feux que j'allume s'éteignent trop vite, et si je m'éloigne impitoyablement des brasiers avivés par mon machiavélisme, il me plaît de les sentir flamber derrière moi, gigantesques, rouges et superbes comme l'incendie d'une Sodome où les vices rôtissent et se tordent dans les cuissons du désir, en vains appels à mon libertinage.

En me jetant à ses genoux, en lui criant : *Merci*, je rendais grâce à l'honneur qu'elle m'accordait, à la confiance qu'elle me témoignait, mais je me méfiais de moi-même, car dans son regard souriant et trop éloquent je lisais ma damnation.

Elle se nommait Ilka, et je prévoyais dans sa possession la sauvagerie magyaresque de sa race, plus volontaire que fantasieuse ; il se dégageait de son corps svelte une énergie et comme une bravoure d'écuyère bottée ; ses mains de patricienne longues et tissées de nerfs délicats mais tenaces et tendues comme des cordes de mandoline, accusaient dans l'activité fébrile des doigts une inquiétude persistante. — Tandis que je parlais ou plutôt que je murmurais près d'elle des déclarations brèves plus crânes et moins niaises que des fadaises amoureuses, elle me contemplait, se renversant, analysant tout en moi, trahissant à peine par l'oscillation de ses narines ses sentiments intérieurs. La prunelle fixe de son œil excitait ma verve et je l'enveloppais toute entière de l'expression de mon individualité pour faire pénétrer mon âme par ses oreilles pendant que ses yeux buvant lentement les jeux de ma physionomie et les accents de mon caractère, épiaient la mobilité de mes traits. A un moment, presque brusquement, elle me demanda : « Votre main, » et à peine lui avais-je livré ma gauche que redressant la paume en l'air, curieuse comme une Gipsy, elle semblait y lire aussi aisément que dans un livre, se montrant d'abord perplexe, puis se déridant, enfin joyeuse s'élançant à mon cou, m'embrassant sur le front et disant : « Je ne m'étais pas trompée, vous êtes un homme dans toute la puissance du mot, vous avez la volonté, la force, vous me dominez, hélas ! je sens votre influence et ne puis m'y soustraire, — je suis à vous. »

Je souriais en moi même, alors les confidences commencèrent, les baisers, ce sceau des âmes, nous unirent moralement et l'étrange et exquise créature se révéla à moi plus extravagante, mais aussi plus grande et plus noble par l'esprit qu'elle était belle au physique.

Pour moi, tout me séduisait en elle, sa profonde distinction qui ressortait de son maintien et de la petitesse de ses attaches, sa mine hautaine voilée de dédain vis-à-vis du vulgaire, sa souplesse de panthère dans l'intimité et l'accent de son langage francisé, dépourvu de tout parisianisme, mais dicté selon les règles de l'orthologie. Cette femme vraiment femme me reposait un peu de toutes les poupées à ressort qui tombent en disant : *maman;* j'adorais ses farouches caresses avant même qu'elle fut à moi ; si elle parlait de l'avenir de nos amours, elle y faisait briller comme l'éclair du poignard dans l'ombre d'un drame; il y avait, en un mot, du diable dans sa personne, et je sentais qu'en me donnant à elle j'allais signer un pacte avec mon sang. Le danger me tentait, la jeunesse aime à le braver, même et surtout en amour, j'allais trop tôt hélas ! y céder, tout le romantisme de ma bonne fortune m'y poussait, et je voulais connaître par la réalité, si Belzébuth se mêle parfois comme on le prétend, aux hasards de la vie.

Pendant plus de trois jours nous demeurâmes ensemble sans que je me décidasse à faire fondre mon pauvre petit sou dans cette fournaise pétillante; ma volonté devenait un entêtement dont je souffrais cruellement : — je n'ai jamais si bien saisi les cuissons ardentes de la vertu. Ilka ne comprenait rien à ce platonisme ridicule, elle se tordait par instants à mes pieds comme soumise à mes désirs, mais vaincue par les siens ; un matin qu'elle était plus pâle et plus agitée, elle fit quelques pas vers moi comme pour éclater dans un aveu brutal de ses faiblesses, puis se reprenant, comme honteuse, elle prit son petit pencil d'or armorié et écrivit sur un billet ces deux mots que je conserve et conserverai toujours : — « *Je t'aime et je te veux : tue-moi ou prends-moi, mais que je ne voie plus ton indifférence dont je languis et meurs trop lentement.* »

Ah! ma belle amie, il faut cueillir les fruits dans leur maturité et prendre les femmes au midi de leur concupiscence; je devins Jupiter par le plaisir et Titan par mes exploits; ma volonté fit banqueroute, je dois en convenir; avec Ilka j'oubliai mes théories de fat et l'énergie de ma règle de conduite; je fus aveuglé par l'ivresse et après en avoir reçu d'elle cent baisers, j'eusse encore payé de ma vie une seule de ses caresses.

Cette fauve créature me brûlait de son amour à ce point que je ne pouvais me désacointer d'avec elle ni par la pensée, ni par les sens, ni par l'âme; je sombrai tout entier dans cette orgie de ma chair : cette indifférence de cœur, cette indépendance d'esprit, ce scepticisme des égoïsmes à deux, ces paradoxes sur les unions brûlantes, ce culte de mes conceptions personnelles, cette fierté et ce despotisme inflexibles que vous me connaissez, je perdis tout dans les bras de mon idole.

Nous revînmes ensemble à Paris, et dans une villa des environs, ni trop loin ni trop près de la ville, elle prit plaisir à se construire un nid selon mes goûts. Je la quittais à peine, car toute à ses amours elle se recueillait dans son intérieur, bornant son horizon à nos terribles jouissances. Je vous expliquerai bientôt de vive voix, à mon retour auprès de vous, les étrangetés, les caprices soudains de cette tigresse charmante, qui, aux légendes et au fatalisme de son pays, joignait une dépravation d'esprit inouie. — Pour me lier, pour me fixer à elle, dans la crainte constante de me perdre, elle ne savait qu'imaginer ; chaque jour, c'était un nouveau ragoût libertin fortement pimenté par l'ardeur de sa sensualité ; chaque jour aussi, c'était des exigences volontaires qui prenaient l'accent puéril des mutineries amoureuses. Sa croyance au vampirisme la poussa un soir à m'ouvrir follement une veine afin d'y boire mon sang à petites gorgées comme un filtre immanquable pour me posséder à jamais.

Le temps s'écoulait vite dans cette absorption de mon être ; habile à l'extrême, tour à tour spirituelle ou sagace, apte à tout concevoir et à tout exprimer, j'avais, à côté de la maîtresse, un camarade génial et nos conversations prenaient quelquefois l'allure de graves dissertations sur les convenances sociales dont nous nous étions affranchis, sur la sottise humaine, sur les sciences surnaturelles ou sur les folies de la politique des peuples. Quelquefois, quand la fatigue brisait mes membres, elle se levait légère et sans bruit, m'embrassait au front, m'enveloppait de confort et se mettant au piano, comme pour me bercer ; elle jouait alors avec son instinct de tzigane des valses exquises de Strauss, de Csardàs de Patikarius, ou des danses hongroises bizarres, endiablées, qui me faisaient sauter sur la chaise longue et ranimaient ma verve endormie.

Après six mois de cette existence qui me montait à la tête comme les parfums trop capiteux de la tubéreuse, je devins exsangue, comateux, presque acéphale. Ce succube magyar avait vidé ma moëlle et épuisé mes sources vitales, je me sentais atteint de vertiges, de cardialgie et mon amour encore dansait à la kermesse de mes sens. Il ne fallait pas parler à Ilka de la quitter, elle se serait tuée avec un dédain superbe; je ménageais une transition pleine de ménagements, lorsque je fus atteint d'une fièvre cérébrale qui fit désespérer de mes jours.

Pendant les premiers symptômes de ma convalescence, ma famille, de concert avec mes amis, m'emmena au loin, pour me soustraire à des retours de moi-même vers ma tendre maîtresse. — La pauvre chère âme affolée, partit, me dit-on, en Bohême où elle mourut, sans que j'aie pu obtenir le moindre renseignement sur cette fin dramatique ; des lettres mensongères lui avaient annoncé ma guérison et ma haine ou mieux encore mon indifférence pour celle qui avait été la cause de mon mal. — Ah! les pavés de l'ours, ils brisent les cœurs sans pitié et assomment froidement les plus belles amours, avec la sottise pesante des niais qui invoquent la gibbeuse morale.

Un moment abalourdi, hébété par ces nouvelles terribles, qu'on tâcha de m'empapilloter sous des phrases de rhétorique et des insinuations d'un catholicisme ardent, je pensai moi-même à égarer ma vie sur tous les chemins hantés par la mort; le dégoût me serrait à la gorge, l'humanité m'effrayait; à vingt-huit ans j'éprouvais déjà une lassitude de vivre, comme un centenaire qui aurait vu foudroyer toutes ses affections autour de lui... — Peu à peu cependant mon esprit se calma, mon cœur devint plus calme, les souvenirs se firent plus doux, et le temps, avec un tact extrême pansait mes béantes blessures.

Ma santé si éprouvée ne reprenait aucune force, au contraire; le docteur tant pis et le docteur tant mieux provoquaient en vain de nouvelles consultations, et j'avais déjà usé sans succès de tous les quinas et ferrugineux de la pharmacopée moderne, lorsque, me mettant en dehors de tout ce charlatanisme, je résolus, aidé de ma mémoire et du bon sens, de me traiter moi-même d'après une méthode ancienne.

Le maréchal duc de Richelieu, souffrant d'un épuisement analogue au mien, et désespérant de ranimer sa virilité de cavalier galant, s'en fut, paraît-il, à Leyde, consulter le savant Boërhave, le Gallien du XVIIIe siècle, dont la réputation était si grande qu'on lui adressait ses lettres : *à M. Boërhave, en Europe.* — Cet homme célèbre, après avoir contemplé le libertin de qualité, lui dit avec simplicité et douceur : « Le médecin est l'esclave de la nature, il n'a autre chose à faire qu'à lui obéir et à suivre exactement ses indications. Je m'aperçois que ce sont les dames qui ont surtout délabré votre santé, c'est à elles à la réparer ; trouvez-moi une bonne nourrice, et oubliez auprès d'elle que vous êtes homme, pour vous faire enfant. »

Je me souvins de ce fait peu connu, et n'allez pas rire, mon amie, je fis comme Richelieu; je trouvai en Bourgogne une vigoureuse luronne qui voulut bien m'agréer pour son nourrisson. Je me mis à la diète laiteuse, buvant du lait régulièrement le matin, le midi et le soir.

C'est ici que je vis depuis près d'un mois, dans une ferme isolée, me laissant aller à tous les enfantillages, à tous les bégaiements où m'ont conduit mon ramollissement; — le matin à six heures, au milieu du chant des oiseaux et du bruit de la métairie, je vois arriver ma bonne nounou, comme une mamoseuse providence : elle m'enlève dans ses bras comme un bébé, m'habille servilement, et entr'ouvrant son corsage avec résignation, elle me présente sa puissante mamelle nourricière que j'épuise à longues embrassées. Dans les premiers temps, le breuvage me parut un peu fade, je vous l'avoue, et j'eus comme des nausées ; il me fallut toute la patience de la brave Bourguignonne, toutes ses petites claques amicales et ses gros rires de villageoise qu'on lutine, pour m'y faire prendre goût.

Aujourd'hui, je commence à redevenir grand garçon, et quand la nounou regarde l'heure sur l'horloge à grande gaine de noyer, je n'attends plus qu'elle me dise : « *Monsieur veut-il téter ?* » Je vais vivement délacer la robe et mettre en liberté les prisonniers ; ce n'est pas sans volupté alors que je hume avec un petit bruit de déglutition cette liqueur séreuse qui me ranime et me conduit à la virilité ; souvent dans ma précipitation, je me comporte en vilain baby, je bavoche et inonde les lainages de ma mère nourricière, qui coquettement se secoue ou s'essuie en criant à belle gorge comme une ironie à mon impuissance : « fi, le polisson *qui salit sa bobonne !* »

Mes journées se passent dans la basse-cour, sur un banc rustique, quelquefois presque vautré, auprès du fumier, ce grand aphrodisiaque de la terre. Je taquine les poulettes et regarde curieusement les exploits du coq, qui me font mourir de honte ; je ne lis pas d'autre livre que celui de la nature, toujours varié et sincère; enfin, mon amie, cette lettre, dans son décousu et le déshabillé de son style, est la première que j'écris depuis près de deux mois ; j'y remue délicatement les cendres du passé pour ne pas faire saigner mes blessures mal fermées ; serrer mon cœur et tyranniser mon cerveau ; ma nounou très inquiète me regarde *travailler,* et ne saisit pas bien la portée de ces lignes manuscrites écrites en si grande hâte : « Si Monsieur se fatigue, je ne pourrai pas le sevrer dans quinze jours, me dit-elle d'un gros air grondeur. »

Ah ! quand je serai sevré !!! — que toutes les caillettes de votre salon prennent garde ; le loup rentrera en affamé dans la bergerie, avec ses théories anciennes et son petit sou d'auvergnat, qu'il fera sauter et passer de mains en mains. — Je sens déjà auprès de ma nourrice des distractions charnelles, qui sont d'heureux symptômes.

Ah ! quand je serai sevré !... vous serez appelée la première, si vous le voulez bien, mon adorable amie, à prononcer votre jugement si la méthode du docte Boërhave est exquise pour apprendre aux hommes à faire et contrefaire les enfants, et aux femmes à supporter les hommes qui sortent de nourrice. — Adieu, au revoir, à bientôt.

Le Sottisier d'Amour

LE SOTTISIER D'AMOUR

EPIGRAMMES TIRÉES DU CARQUOIS DE CUPIDON

> J'ai remarqué que ce sont les plus tendres et ceux qui avaient le plus le sentiment de la femme, qui les traitaient plus mal que tous les autres. THÉOPHILE GAUTIER.
>
> En amour, tout est vrai, tout est faux, et c'est la seule chose sur laquelle on ne puisse dire une absurdité. CHAMFORT.

L'AMOUR est utile à la vie, comme la rosée est indispensable à la terre, mais l'orage du soir provient trop souvent de la rosée du matin. — Il faut profiter des premiers rayons solaires du bonheur, se hâter de boire au plaisir et quitter la partie avant les ardeurs de midi. — Les plus belles aurores produisent parfois de sanglants crépuscules.

A Paris on dit : *une femme honnête;* à Vienne, pour exprimer la même opinion, on dit : *une femme pratique.* — Comme l'adjectif viennois est plus profond et plus correct que le dénominatif parisien !

La langueur est à la nonchalance ce que la mélancolie est à la tristesse. — La langueur est une jaunisse de l'âme dont l'amour même a raison. — La nonchalance est une apathie corporelle qui donne tous les torts à la volupté qu'elle fait naître.

Les chevaliers anciens arboraient galamment cette noble devise française : *Les servir toutes, n'en aimer qu'une.* — Les philosophes cavaliers modernes, moins puritains et moins braves surtout au tournois d'amour, proclament cet axiome : *Les aimer toutes, n'en servir qu'une.* — Ceci, pour être moins élevé, est peut-être tout aussi logique.

La femme souffre toujours pour deux, dit Balzac.— C'est fort bien pensé, mais le mari, doit-on ajouter, pâtit souvent pour trois.

Il est infiniment moins aisé de satisfaire une femme que d'en contenter plusieurs. *(Les hommes mariés seront de cet avis).* Pour une femme, par opposition, il est certes plus facile et plus agréable, de satisfaire plusieurs amants que d'en contenter un seul. — La résultante nous conduit à ce mot charmant de Montaigne : *la femme est l'ennemie naturelle de l'homme.*

C'est lorsqu'une femme mendie franchement et sans paraphrases l'amour d'un homme, qu'elle démontre sa passion ; car alors elle lui sacrifie à la fois son orgueil, sa coquetterie, son amour-propre et la pudeur de ses préjugés ; c'est-à-dire plus qu'elle-même mais, aussi, beaucoup moins que ses sens.

La sentimentalité : un œuf à la coque à... pain mollet ; le libertinage : une omelette aux fines herbes.

Certaines femmes naissent belles ; d'autres deviennent jolies ; on a tout à gagner à s'accointer avec celles-ci plus douces et plus charitables que les premières, à la façon des Gagne-Petit qui se vengent des abstinences de leur jeunesse par les libéralités de leur âge mur.

Les véritables coquettes se gardent bien de prendre un amant dans la crainte de perdre un seul de leurs galants. — Une coquette tire vanité du nombre de ses amoureux, comme un aventurier qui s'énorgueillit de la variété de fausses décorations par lui arborées en brochette devant la sottise humaine.

Les dévotes ou les vieilles filles de haute

vertu permettent à leur esprit toutes les jouissances qu'elles refusent à leur chair. Elles déjeunent le matin avec appétit du scandale de la veille, dînent des calomnies ramassées dans le jour, et couchent chaque nuit, par la pensée, avec tous les amants qu'elles ont prêtés si gratuitement aux autres femmes.

Que d'infortunés nouveaux mariés ont appris, le soir, à leur dépens, que le flambeau de l'hymen est un cierge de cire.... qui n'est pas toujours vierge et sur lequel d'infâmes sacristains ont déjà posé l'éteignoir de l'hypocrisie et du vice !

Il y a la même différence entre une femme constante et une femme fidèle, qu'entre un homme têtu et un homme volontaire.

Si je portais deux pucelles en sautoir, disait Esope, je ne répondrais pas de celle qui serait derrière. — Quel esprit de bossu ! Quelle bosse d'esprit ! Quelle sagesse de fabuliste ! !

Ce qu'une femme pardonne le moins aisément à un homme qu'elle aime ou qu'elle a aimé, c'est de n'avoir rien à lui pardonner.

La continence *congestionne* ; le plaisir grise ; la jouissance saoûle ; la passion tue : — Grisez-vous quelquefois, ne vous saoûlez jamais, gardez-vous de vous suicider. A l'auberge de l'amour, le jeu n'en vaut pas la chandelle.

Le caprice passionné vit aux antipodes de l'estime et de la sympathie morale : les femmes qui nous ressemblent le plus sont celles que nous aimons le moins.

La princesse B*** s'écriait l'autre jour, avec ennui et par mégarde : « Je voudrais pouvoir embrasser à la fois, mon mari, mon amant et mon chien ; » — Comme c'est bien femme en tous points, par l'expression et la pensée.

Pour une femme mariée, la beauté de son amant est en proportion de la laideur de son mari.

Une maîtresse qui s'ennuie est déjà infidèle.

Tuer l'amour à son apogée, au risque de se briser l'âme, c'est un acte de haute philosophie, de virilité volontaire chez un homme. Lorsque le bonheur est constaté, on ne doit point s'y endormir, la troupe légère et funèbre des désillusions guette à la porte de l'amoureux ; il vaut toujours mieux déloger que de s'arc-bouter contre l'envie, le soupçon et l'inconstance réunis pour forcer l'huis de l'amant fortuné. Les femmes ne comprennent jamais ce génial égoïsme du penseur qui brusque toujours les dénouements d'amour, et cependant elles poursuivent le fugitif, car les curieuses veulent toujours demeurer les dernières au spectacle ou quitter la scène d'elles-mêmes les premières. Si une maîtresse nous donne le fil de son âme, il faut en profiter, pour en sortir, avant que le fil ne soit coupé par les mains de l'infidèle, et imiter Thésée en abandonnant la belle Ariane dans l'Ile de Naxos. Les horizons de Cythère sont, hélas ! très bornés, et, quand on arrive aux confins de la félicité parfaite, il n'y a plus qu'un précipice à descendre ou un calvaire à gravir douloureusement.

Les plus grandes passions satisfaites finissent sottement, elles s'atténuent dans l'estime ou bien s'éteignent dans l'indifférence. Si elles se transforment en haine, la logique des sentiments est sauvée et l'amour-propre sauvegardé.

Les délicats ne vident jamais que les deux-tiers des flacons de vins exquis dont ils s'enivrent. Ils n'attendent jamais, pour en changer, que leurs gants se salissent, que leurs habits se déforment ou que leurs bonnes fortunes montrent la corde ; aussi l'amour ne devrait-il être le plaisir que des âmes délicates : « Quand je vois des hommes grossiers se mêler d'amour, s'écrie Chamfort, je suis tenté de dire : « De quoi vous mêlez-vous ? du jeu, de la table, de l'ambition à cette canaille ! »

Je me suis souvent demandé pourquoi certaines femmes recherchent si avidement la société des hommes d'esprit qu'elles comprennent *peu* ou *prou*, lorsqu'elles sont si idéalement heureuses avec des imbéciles ?

A un époux qui déplorait devant lui ses infortunes conjugales, Santeuil, le latiniste et spirituel poète, répondait ainsi : « Vous êtes cocu... n'est-ce que cela ? Ah ! mon ami, ne prenez peine, le cocuage, croyez-moi, n'est qu'un mal d'imagination : peu de maris en meurent, mais il y en a tant qui en vivent ! »

Dans une réconciliation d'amoureux, il est peu de femmes qui n'aient pas la sottise de prendre les marques de virilité de leur amant pour des preuves de fidélité.

Passé quarante ans, la plupart des hommes mettent tout en œuvre pour surexciter leurs sens, sans même concevoir le désir de les satisfaire.

Les grands vicieux sont timides et craintifs, au premier abord, avec une femme qu'ils convoitent ; les écoliers au contraire sont hardis et inconséquents ; l'audace de ceux-ci s'évanouit avec le premier désir, la timidité de ceux-là, au contraire, prend une hautaine revanche au lendemain de la victoire.

Un mari qui invoque ses droits, est bien près de les perdre.

Une *fille* qui aime redevient enfant, espiègle et gamine; une veuve, dans le même cas, retourne aux pudeurs et aux timidités de la jeune fille. — *L'enfant est préférable*. Une veuve ne cherche à faire oublier qu'un seul homme, qui fut son mari, — la courtisane amoureuse, pour se reconquérir elle-même et apaiser les jalousies rétrospectives de son amant, voudrait biffer de son passé une portion de l'humanité qui l'outrage par le souvenir même de sa possession.

L'inconstance des femelles est si active, si tourmentée, si inassouvie, que je me suis quelquefois demandé si Protée eut pu trouver une femme fidèle.

Tout est amour-propre chez la femme, même l'amour qui ne l'est pas ; plus on y songe, plus on étudie la théorie, plus on observe la pratique de l'amour, plus on se confirme davantage que, somme toute, c'est par l'amour-propre que commencent et finissent les plus majestueuses passions aussi bien que les plus légers caprices.

Que d'hommes n'ont-ils pas perdu, par trop de discrétion délicate, des caresses intimes et variées, que des goujats grossiers ont su récolter cyniquement aussitôt après leur départ.— Les femmes ont l'imagination si libertine et nourrie de tant de monstruosités voluptueuses et antiphysiques, qu'on est tout étonné, après l'impertinence des demandes audacieuses, de trouver des complaisances et des facilités de mœurs qui émerveillent la dépravation de l'amoureux. Platon disait que les femmes avaient été des garçons débauchés autrefois. — Au lendemain de sa virginité perdue, si ce n'est peut-être la veille, une initiée aux plaisirs de Vénus a d'ore et déjà conçu dans sa tête un tableau de luxure comparée qui ferait pâlir toutes les peintures tracées par Arétin.

L'imagination des femmes conçoit, c'est à l'audace et aussi au tempérament des hommes vigoureux d'exécuter les devis. Ils n'iront jamais trop loin.

Lord Byron disait : « Une maîtresse est aussi embarrassante qu'une femme... quand on n'en a qu'une. » — L'embarras cesse par la multiplication qui cause les divisions, lesquelles conduisent aux soustractions; après quoi on se complaît à aligner des additions don-Juanesques d'une légèreté totale exquise. C'est la vanité alors qui règne en maîtresse heureuse.

Les femmes n'aiment que ce qu'on ne leur donne pas.

Les jeunes filles mordent aux fruits verts ; les vieilles filles ébrèchent leurs dernières dents sur des fruits secs : *Les quatre mendiants de l'amour.*

Aimer sa maîtresse, c'est encore s'aimer soi-même ; aimer son épouse, c'est abdiquer son individualité au mécanisme banal de la société et dédoubler son effigie. — Un célibataire, qui était un *tout*, devient en se mariant, une *moitié* influencée par une autre moitié.

« Il faut vous distraire, disait-on à un veuf attristé ; vous êtes jeune, redevenez joyeux et bon vivant ; tenez, soupons ce soir en partie fine ? »

« Eh ! mon cher, vous avez raison, j'accepte, répond notre inconsolé ; d'autant plus que... croyez-moi si bon vous semble, j'ai renoncé à toutes mes maîtresses depuis la mort de ma pauvre femme. »

Un homme trompé ne doit pas se résigner, encore moins se désespérer. Il y a un milieu plus digne. C'est à sa grandeur d'âme à le découvrir.

On possède les femmes par leurs défauts, rarement par leurs qualités.

Une chambrière, qui avait beaucoup vu, s'écria devant moi, un jour, avec un geste superbe de grande comédienne :

« La vertu, puis-je y croire, dans l'exercice de ma profession ? — La vertu ! Mais, Monsieur, *les lits parlent contre.* »

Quelle réponse sublime, dans le réalisme de sa forme, et quel argument ! — *Les lits parlent.*

Il n'y a rien de plus compliqué, de plus trompeur, de plus artificieux que la naïveté. Telle demoiselle candide et pudique, qui, par ses dehors, ne reflète qu'une innocence réelle, sera, dans un imbroglio d'amour, plus fine et plus rouée que des vétérantes de la galanterie. C'est que la femme est née pour l'astuce et que chez elle la naïveté n'est que le masque ou le pléonasme de la ruse. Cette vérité est tout entière dans ce mot de Salomon : « Les femmes font apostasier les anges. »

La propreté des femmes, — *c'est si sale*, disait une dévote, en se signant.

Un poète inconnu du XVIIe siècle, le sieur J. Magnon, nous a laissé dans un poème ce vers étonnant :

La corne la plus noble incommode le front.

Noble ou non, je crois bien.

Une femme tient tout de l'opinion ; *Le qu'en dira-t-on* la retient plus sur le moment de faillir que le *qu'en penserai-je*. — *Qui peut sauver une femme de la honte ?* a-t-on dit, et l'écho a répondu : *La honte*.

N'est-ce pas Chamfort ou un de ses disciples qui a proféré cette exclamation : « Que de filles aujourd'hui cessent d'être pucelles avant d'être vierges ! » — Que de femmes aussi dirons-nous bien au contraire, demeurent pucelles en cessant d'être vierges !

Pour régner sur un peuple, il faut le plus souvent passer sur des ruines. Pour étendre son empire sur les femmes, on doit marcher sans commisération sur bien des cœurs. — Les conquérants doivent fermer une oreille à la pitié et ouvrir l'autre à l'ambition, et les talons rouges ne se colorent que dans le sang qui jaillit des cœurs savamment piétinés.

Les délicats n'apprécient que les friandes en amour ; — les gourmandes composent le lot des grossiers ou des porte-faix.

Après la possession d'une coquette qui nous a fait languir, c'est avec un raffinement de vengeance qu'on lui plonge dédaigneusement des *Tu* dans l'oreille. — Le tutoiement après la victoire, devient au gré du vainqueur, ou une apothéose de sensualité heureuse ou une flétrissure brutale et cruelle.

Selon Casanova, l'amour n'est qu'une curiosité plus ou moins vive, jointe au penchant que la nature a mis en nous de veiller à la conservation de l'espèce. — Cette définition, par ce païen charmant, est assez ingénieuse; mais voici celle plus complète qu'il donne du plaisir :

« Le plaisir est la jouissance actuelle des sens ; c'est une satisfaction entière qu'on leur accorde dans tout ce qu'ils appètent, et, lorsque les sens épuisés veulent du repos, ou pour reprendre haleine, ou pour se refaire, le plaisir devient de l'imagination, elle se plaît à réfléchir au plaisir que sa tranquillité lui procure. — Or, le philosophe est celui qui ne se refuse aucun plaisir qui ne produit pas de peines plus grandes et qui sait s'en créer. »

Ceci est moins net et plus quintessencié, mais bien réel, lorsqu'on s'y retrouve.

Les hommes fermes, volontaires, opiniâtres, inflexibles sont principalement aimés des femmes, qui dans leur faiblesse admirent la force. — Peut-être aussi n'est-ce que le mâle que la femme recherche chez l'homme. Elle le rencontre si rarement dans son intégrité !

Que de revolvers se transforment en simples pistolets dans les liaisons qui durent trop !

Un sportman distingué professait cette opinion, à savoir qu'un gentleman de bon ton doit toujours entretenir plusieurs amours au ratelier de son cœur, de même qu'il nourrit plusieurs chevaux dans ses écuries. — C'est Rivarol palfrenier! c'est aussi la morale traînée dans le crottin.

C'est alors qu'on croit dénouer la ceinture d'une femme vertueuse, qu'on ne dégrafe souvent qu'un pauvre ceinturon de Messaline impudique.

Un homme d'étude, sans être un fat, aura toujours, à un trop haut degré le culte de lui-même, pour comprendre la servilité nécessaire, selon la société, aux convenances féminines.

Un homme de lettres, qui croit aux lettres, et qui éprouve l'enthousiasme de sa profession, est quelque peu un Narcisse au moral; il se mire dans toutes les sources de ses pensées, et, si une femme veut être de moitié dans cette extase égoïste, elle trouble la limpidité du miroir. Il faut donc au penseur de belles bêtes, qui se croient telles, de bonnes créatures impassibles et peu bavardes, qui font le gros dos sur les divans comme les chats, qui attendent les caresses ou qui les provoquent doucement, et non pas des bas-bleus babillards ou des précieuses minaudières qui mettent tout à sac dans une cervelle d'artiste, semblables à des guenons quittant leur perchoir pour bouleverser des paperasses, ouvrir des livres et renverser des écritoires.

Un travailleur a besoin d'une créature faite d'amour, toujours prête à le délasser par l'amour, à laquelle il donne juste le temps de ses entr'actes laborieux : un être qui l'aime comme un chien, avec une admiration muette et recueillie, qui se couche à ses pieds, s'éloigne et se retire sur un geste du maître, assez sage pour trouver tout son bonheur dans l'esclavage, et assez bornée pour ne pas concevoir d'autre horizon. — Les sots diront en riant que c'est impossible en ce XIXe siècle, mais les sots qui sont les laquais des femmes, ne peuvent savoir que celles-ci se dressent à l'exemple des pies et des pierrots qu'on met en cage d'abord fermée, puis en cage à porte assez largement entr'ouverte, sans aucunement s'inquiéter s'ils s'envolent ou s'ils restent.

Si l'on parvenait à détruire la pudeur et à satisfaire plus effrontément ses désirs, la société serait, à mon avis, moins folle et plus reposée sur la logique. — « Il s'est trouvé nation, écrit Montaigne, où, pour endormir la concupiscence de ceux qui venaient à la dévotion, on tenait aux temples des garses à jouÿr, et était un acte de cérémonie de s'en servir avant de venir à l'office. » — *Nimirum propter continentiam, incontinentia, necesseria est. Incendium ignibus extinguitur.*

Il est des ours mal léchés qui allèchent

la concupiscence des femmes. Cette sauvagerie de caractère hérissé sent le mâle; pour elles, la toison des fauves et des boucs est un plus grand aphrodisiaque que l'odeur affadie du musc ou de la verveine, dont se servent les débiles petits maîtres.

L'idéal n'est peut-être que la beauté du vrai !

Beaucoup d'Anglaises lisent la Bible, bien peu la vivent.

Une femme à tempérament ne se donne pas le temps d'être coquette. Aussi bien, un affamé ne songe-t-il pas à faire des grâces sentimentales à table — comme l'estomac les sens ont leur fringale.

Le caprice chuchotte; la passion parle.

Une revue mondaine a fait paraître dernièrement sous ce titre : *Comment ces dames mangent les asperges*, une curieuse étude qui devait avoir pour pendant un second article : *Comment ces messieurs mangent les moules.* — La censure, en interdisant ces dissertations métaphoriques, a mis à nu la dépravation publique. Si les femmes honnêtes n'avaient pas dû comprendre les sous-entendus, en quoi la morale eût-elle été froissée ? Le salon de Mme de Rambouillet eut écouté sérieusement, sans y concevoir de malice, ces petites œuvres littéraires. Les pointes d'asperges sont-elles donc des pointes d'esprit bien grivoises ? Il faut croire que les nidoreuses manifestations du naturalisme nous ont rendus bien pudibonds en matière de préciosité raffinée.

Allez donc parler d'amour à un médecin, il vous dira : « Bah ! mais ce n'est que l'attraction de deux muqueuses. »

La vertu ne résisterait jamais aux circonstances, si les hommes savaient les deviner.. — Une femme est seule, sur sa chaise longue, toute frémissante encore de la lecture d'un roman d'amour, vous vous présentez, selon les règles du monde, et par une conversation correcte et banale, vous ramenez cette pauvre âme émue aux réalités de la vie.

Oh ! si vous aviez pu surprendre son rêve, vous identifier avec le héros de ses songes, et peu à peu, avec une nuance très fine de brutalité, donner un corps à ses fantaisies d'imagination, vous n'eussiez trouvé que docilité et abandon, là où vous n'avez su permettre que la rigidité des convenances.

Il faut si peu de chose pour être aimé d'une femme langoureuse qui laisse une libre carrière aux arabesques de ses rêveries. — Un sylphe ne rencontrerait pas de cruelles, le genre féminin serait sa chose, car par ses caresses, ses attouchements invisibles, par ses paroles douces comme le zéphir, par le mystère même qui l'envelopperait, il posséderait grandes et petites faveurs dans les couvents, dans les salons, dans les chaumières, entre mari et femme, amant et maîtresse, aussi bien que dans la solitude, la clarté ou l'obscurité. L'adultère, d'après Napoléon, n'est qu'une question de canapé. — L'amour, mieux encore, n'est qu'une question de discrétion et de délicatesse mystérieuse : arrachez les trompettes à la Renommée, soyez muet, feignez de devenir aveugle ; fermez le verrou : les femmes vertueuses se donneront toutes à vous, comme au Dieu du silence et des plaisirs discrets.

On a dit : « Bien des femmes en peine de se purger n'ont qu'à dire une sottise : elles se portent bien. » On n'a pas vu de cures complètes cependant.

L'aujourd'hui est si beau quand on s'aime, que la sagesse condamne absolument le lendemain. Avec des maîtresses nouvelles, c'est toujours *aujourd'hui*. Avec une femme légitime, ce n'est qu'un long lendemain, qui fait regretter la veille, sans qu'on y puisse revenir.

Il est difficile de trouver une phrase plus concluante pour le divorce que celle de Chamfort : « Le divorce est si naturel, que dans beaucoup de maisons il couche toutes les nuits entre les deux époux. » — Le divorce est l'unique juge de paix de Cythère ; il dénoue ceux que la sottise et l'ambition ont unis sans amour.

J'ai connu des hommes mariés doux, charmants, pleins de cordialité, d'esprit et de talents, entièrement soumis à d'affreuses petites femmes laides, ignorantes, bêtes et prétentieuses, lesquelles tranchaient sur toutes les questions d'art sans que l'infortuné mari osât prendre la parole et porter son jugement. De telles femmes se mettent à califourchon comme de vilains lorgnons de verre fumé, sur le nez de leurs époux qui verraient si bien et si loin sans cet obstacle qui les domine, mais qu'ils finissent par accepter avec une béatitude d'idiot. La bonté rend souvent imbécile en dehors de l'esprit.

Se laisser faire un petit doigt de cour : cette locution laisse rêveuse bien des jeunes filles au couvent. C'est le *Digitus infamis* de l'imagination.

Il n'y a que les amours cachées qui soient réelles ! Les passions qui s'affichent ne sont que des vanités qui paradent. Un amoureux à tempérament entier dérobera sa maîtresse aux yeux de tout l'univers et à la vue de son plus intime ami. — Le regard d'autrui souille le bonheur, et l'homme délicat confine ses amours à huis-clos, sans jamais promener son concubinage au dehors. La femme qui aime ne sent pas son internement, c'est au plaisir d'embellir la prison ; la volupté a des horizons infinis à côté des sensations qu'elle procure aux heureux. Il n'y a que les petits cerveaux qui recherchent la compagnie ; les tourterelles vivent isolées ; les dindons ou les pintades meurent loin des basses-cours nombreuses, quand ils ne peuvent, par leurs ébats, provoquer l'attention des poules indolentes ou des coqs superbes.

Que de dindons dans le monde ! que de pintades se montrent glorieusement accouplés dans l'orgie enrubannée des dimanches ou la houle des promenades élégantes ! — pauvres bêtes ! — pauvres gens !

Un anonyme du dernier siècle nous a légué ce trait charmant : « *une prude a tant d'honneur qu'elle le laisse partout.* » Est-ce assez spirituellement juste et merveilleusement trouvé !

Un célibataire qui se marie par ambition de fortune raisonne à contre sens. Un économiste a fait ce curieux calcul que dans le célibat les petits besoins augmentent et que les grands besoins diminuent ; que dans le mariage, au contraire, les petits diminuent et les grands augmentent.

Donnerais-je des chiffres... cela ne convaincrait personne, sauf les convaincus.

La franchise et la vérité loyalement affichées étonnent les femmes qui ne comprennent rien à la droiture de conscience et lui préfèrent la rouerie d'une diplomatie méticuleuse. Un homme sincère et véridique est le plus grand des fourbes à leurs yeux. La vérité qui jaillit soudainement les éblouit et les écrase dans la mesquinerie de leurs petites trames mensongères. Qu'un amant, sur l'interrogation de sa maîtresse, réponde mâlement à celle-ci qu'il l'a trompée, il la verra tressaillir plutôt par la grande simplicité de la réponse que par la nature même de l'acte commis. — Le chacal qui ruse et qui biaise, ne conçoit pas le lion qui poitrine au danger.

De même que la crainte de rougir fait rougir les faibles ; la préoccupation de témoigner sa virilité fait échouer un amant dans le plaisir des sens. C'est qu'en amour il faut plutôt oser que vouloir : la volonté use et concentre l'électricité cérébrale, l'audace fait jouer les fils conducteurs et regaillardit la verve corporelle. Un libertin ne s'expose que rarement à de cruels pas de clercs en pareille occurrence, il connaît l'art de lutiner une femme avec tant d'astuce qu'il se taquine lui-même par l'imaginative, en donnant à sa partenaire l'occasion de se débattre. — Dans le jeu de Vénus, on doit amuser l'ennemi et laisser le temps aux forces de réserves d'arriver toutes fraîches pour emporter la victoire, sans coup-férir. La tactique ne manque jamais aux vrais conquérants.

Un amour sérieux ne peut se transformer qu'en haine. — La haine a plus d'un travestissement ; elle met des loups de velours, mais l'ardeur des yeux brille au travers.

Un homme *parle*. — Les mâles *causent* et s'écoutent.

Il y a des yeux de femme qui signent des promesses à courte échéance : les uns disent : *pour ce soir*, d'autres, *pour demain* ; la plupart diraient bien : *tout de suite*, mais il faut du temps à l'amour pour digérer ses espérances.

Ce qui cause le bonheur d'un amant, quelquefois fait le désespoir d'un mari.

J'ai trouvé, par hasard, cette observation sur une feuille volante, détachée sans doute du carnet d'un philologue : « C'est bizarre les mots ! ainsi en Irlande, le mot Mac est un signe de noblesse, et à Paris.... »

Pascal a bien raison, vanté en deçà des Alpes, erreur au delà.

En voyant deux amoureux serrés étroitement, passer dans un éclair de bonheur, Madame Z, qui était à mon bras, a *diagnostiqué* en soupirant : « Deux jeunes mariés, ou bien deux anciens amants. »

Joli distique du XVIe siècle :

Bien on a peint Vénus et ses amours, tout nuds,
Car ceux qui s'y sont plûs, tels en sont revenus

Sénac de Meilhan a écrit : les grandes passions sont aussi rares que les grands hommes. Est-ce bien sûr ? Cette petite pensée est sujette à grande controverse.

Il est des femmes laides et bégueules qui prennent un soin ridicule pour afficher leur vertu et annoncer au monde qu'elles sont inaccessibles à la galanterie. — Pareille vanité grotesque me rappelle les portes de prison sur lesquelles on a peint en grosses lettres : *le public n'entre pas ici.* — « *Plus souvent,* » s'écrie Gavroche dans un argot qui dit tout.

On ne pratique réellement l'amour qu'en France, et à Paris surtout; j'entends l'amour avec toutes ses mignardises, toutes ses délicatesses, toutes ses ruses polissonnes et tout le luxe intime des femmes. Une parisienne semble plutôt créée pour l'amour que pour la maternité; de toutes les femmes du globe, elle seule sait être gracieuse, se lever, s'habiller, marcher, se baisser, se relever et surtout se coucher, avec des poses d'un art exquis, des lenteurs savantes, des enjouements qui ravissent et des câlineries spéciales dans le moindre geste. S'il est des hommes qui ont pu regretter au loin les charmes de la parisienne habillée, il n'est pas un raffiné qui n'ait conservé le plus adorable et le plus frais souvenir d'une parisienne qui va se mettre au lit. Cette manière à la fois chaste et impudique de se défaire des derniers voiles comme d'un fardeau importun, cette grâce dans la draperie harmonieuse des toiles fines et blanches, cette mutinerie dans la dentelle, ces parfums pénétrants qui se dégagent d'elle sont bien faits pour marquer une empreinte ineffaçable dans la mémoire de ceux qui s'intéressent à la femme par l'enveloppe et les détails. — Ailleurs qu'en France peut-on se disposer à l'amour avec un attirail de préparatifs aussi ravissant? Une anglaise en robe de chambre est vêtue en dessous — et par pudeur, d'une *riding dress*. L'une d'elles disait un jour avec ennui : « L'amour... il faut bien le faire, les hommes y tiennent. » — Une française n'eut jamais dit cette phrase typique.

Ah! si le cerveau des parisiennes n'était pas une éponge à préjugés, si ces roses poupées avaient plus de sang et moins de son dans les entrailles, si leur cœur, moins chiffonné par le caprice, était plus sensible aux intimités d'amour, elles deviendraient les créatures les plus propres à satisfaire la passion des artistes et des voluptueux. Mais faut-il tant demander aux filles de Satan ? — C'est le jouir et non le posséder qui rend heureux, disait Montaigne: Dès que les femmes sont à nous, nous ne sommes déjà plus à elles. — Quelle immense compensation pour ceux qui analysent et qui pensent sur les sentiments respectifs des sexes.

Arrière-Propos

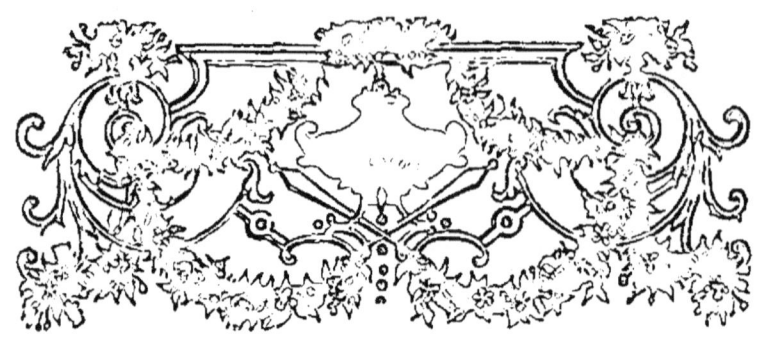

ARRIÈRE-PROPOS

A ceux qui quémanderaient l'explication de ce titre : Le Calendrier de Vénus, inscrit sur un ouvrage composé de feuilles éparses et de notes diverses, je pourrais démontrer, avec grand étalage et luxe d'érudition, la signification primitive et réelle du mot : Calendrier. — On y verrait que le Calendarium n'était autre qu'un curieux petit livre où se trouvaient mentionnés les jours fériés et néfastes, les souvenirs et anniversaires, ainsi que des écrits interlignés, en un mot, une manière de carnet semblable à ceux, qu'un terme horriblement vulgaire, et qui sent le comptoir, nomme aujourd'hui : Agendas.

Mais à propos de Vénus et d'opuscules qui sont miens, et qui ont été imprimés bien davantage pour ma propre satisfaction que pour l'intérêt du lecteur, il ne me convient pas de remuer le volumineux Richelet ou le pesant Ménage, indignes d'être ouverts pour une si petite justification. — Au surplus, dois-je rendre compte au public du baptême de mes productions ? Point ne crois, car ma vanité y contredit et mon esprit s'y oppose. — Ceci m'est affaire personnelle et privée.

Aussi, selon mes principes, je n'ai convié pour cette cérémonie faite au baptistère de ma chapelle cérébrale que mon honorable conseiller et ami le jugement, comme parrain, et gentille et très familière dame la fantaisie, comme marraine ; lesquels ont signé sur le registre de mon bon plaisir, en foi de quoi j'ai jeté mes dragées sans nul soucy dans ce drageoir à boutades.

Que le Calendrier de Vénus devienne l'Annuaire des Grâces, ou qu'il s'en aille sur les quais de la Seine, tenir compagnie aux charmants Almanachs des Muses — peu m'importe ! — je n'y mets point de *coquetterie d'auteur. Ces pages m'ont causé plus de bonheur intime à concevoir et à écrire que les délicats eux-mêmes n'éprouveront jamais de contentement passager à les lire. — Ceux qui, comme moi, ont produit dans l'amour et avec l'enthousiasme des lettres, me comprendront. Il ne reste aux autres qu'à me porter envie. — C'est peut-être déjà fait. — Je les plains.*

TABLE DES MATIÈRES

Epitre dédicatoire à Betzy	v
A l'Académie des Beaux-Esprits et des Raffinés du Langage	3
Mémorandum d'un Epicurien	29
Les Fastes du Baiser.	97
Voyage autour de sa Chambre.	129
Ephémérides des Sens.	153
Le Sottisier d'Amour	197
Arrière-Propos.	235

ACHEVÉ D'IMPRIMER

SUR LES PRESSES DE

DARANTIERE, IMPRIMEUR A DIJON

le 31 Janvier 1880

POUR

EDOUARD ROUVEYRE

LIBRAIRE ÉDITEUR

A PARIS

LIBRAIRIE ANCIENNE ET MODERNE
EDOUARD ROUVEYRE
1, rue des Saints-Pères, à Paris

VIENT DE PARAITRE
☞ SECONDE PARTIE ☜
DES
CONNAISSANCES NÉCESSAIRES
A
UN BIBLIOPHILE
PAR
ÉDOUARD ROUVEYRE
TROISIÈME ÉDITION, REVUE, CORRIGÉE ET AUGMENTÉE

Un beau volume in-8° écu, imprimé sur papier vergé de Hollande, titre rouge minéral et noir, couverture parchemin repliée, fleurons, lettres ornées et culs-de-lampe imprimés en rouge minéral. . **5 fr.**
Cette **SECONDE PARTIE** contient : De la classification systématique des livres. — De la classification des autographes, des gravures et des manuscrits. — Des catalogues de livres. — Du classement alphabétique ; Règles générales pour l'indication du lieu d'impression, du nom de l'imprimeur, de l'éditeur et de la date sur les copies des titres ; Observations à mettre dans les Catalogues ; Classement des copies des titres par ordre alphabétique ; Conservation du catalogue alphabétique ; Du catalogue systématique, etc.

ANALYSE DES CHAPITRES

I. — *De la classification systématique des livres.*

La Bibliographie, science particulière et langue universelle entre les libraires et les savants. Connaissances étendues pour la cultiver. Bibliothèques spéciales. Importance des catalogues de Bibliothèques publiques. Système bibliographique parfait impossible. Difficultés à surmonter. Formation du système bibliographique. Diversité des opinions sur l'ordre et les divisions d'un système bibliographique. Premier catalogue des livres imprimés. Premier système de classification bibliographique. Des systèmes employés aux XVIIe et XVIIIe siècles. Difficultés du classement méthodique des ouvrages. Système de J.-Ch. Brunet, son objet. Ordre des classes du système de J.-Ch. Brunet, avec leurs principales divisions et subdivisions. Vués différentes pour procéder à la classification des livres. Conditions d'ordre et de clarté. Table de Manuel, excellent patron. Leber et son catalogue. Table des divisions pour le *Répertoire universel de Bibliographie* publié par Techener. Division de la Table systématique du *Journal général de l'Imprimerie et de la Librairie*.

II. — *De la classification des autographes, des gravures et des manuscrits.*

Classification des autographes. Valeur attribuée à une lettre autographe. Soins matériels. Rédaction qui doit servir au classement d'une collection. Système complet de classement qui a servi au baron de Trémont, un curieux célèbre. De la classification des gravures. Soins matériels. Classification généralement adoptée. Classification des manuscrits.

III. — *Des catalogues de livres.*

Difficultés à surmonter pour faire un bon catalogue. Utilité des catalogues. Valeur d'un catalogue intéressant. Opinion de Silvestre de Sacy à cet égard. Catalogue, *nec plus ultra* d'un libraire et d'un bibliographe. Bibliothèque ou collection sans un bon catalogue, magasin inutile. Etendue des catalogues. Mauvais catalogue de bons livres. Tâche d'un catalogographe hérissée de difficultés. Que doit offrir le catalogue d'une bibliothèque riche et volumineuse ? Exactitude des titres. Qu'est-ce qu'une édition ? Ordre dans la classification des livres. Catalogues réguliers. Catalogue, pierre de touche de la science bibliographique. Connaissance des livres autre que celle de l'étiquette du dos. Moyen de remédier aux erreurs. Travail scrupuleux qu'exige la distribution des articles d'une bibliographie bien faite. Des recueils factices. Doit-on les *disséquer* ? Opinions de Brulard, de B. Sobosltchikoff, de Barbier, de H. Gariel et de Alf. Bonnardet à cet égard. Excellents principes donnés par Namur pour la classification des livres par ordre alphabétique. Mot d'ordre, nom d'auteur, nom du sujet, livres anonymes, mots d'ordre composés, ouvrage attribué à deux auteurs. Règles générales pour l'indication du lieu d'impression, du nom d'imprimeur, de l'éditeur et de la date sur les copies des titres. Observations à mettre dans les catalogues. Classement des copies des titres par ordre alphabétique Conservation du catalogue alphabétique. Du catalogue systématique. Reliures mobiles. L'appui-livre. Le Scrap-Book. La bibliothèque tournante. Types de bulletins employés par M. Ferd. Van der Hæghen pour sa Bibliographie générale des Pays-Bas. Notes complémentaires extraites de la préface du Catalogue de la Bibliothèque du Conseil d'Etat rédigé par Barbier. Avantages offerts aux hommes studieux par la publication des catalogues de bibliotheques particulières. Appel aux bibliophiles.

Justification des tirages de luxe.

4 exemplaires imprimés sur parchemin	. . . .	80 fr.
6 — — papier du Japon	. . . . .	40 »
10 — — papier de Chine	. . . . .	25 »
30 — — papier Whatman	. . . .	12 »

Tirage imprimé en couleur.

Fleurons, lettres ornées et culs-de-lampes en rouge minéral. Texte en bleu flore. 50 exemplaires imprimés sur papier Wathman. . . . . 25 fr.

Les exemplaires de cette SECONDE PARTIE, *imprimés sur papier de luxe,* ne seront livrés qu'aux acquéreurs *des papiers de luxe de la première partie.*

DE LA POTERIE GAULOISE

Etude sur la collection Charvet, par Henri de Clouzon, deuxième édition. — Paris 1880. — Un beau volume grand in-8°. . . . . 12 fr.

Avant-propos. — Introduction. — Sommaire. — L'art de terre. — Sa première inspiration. — Les formes génératrices des vases naissant à l'imitation du végétal. — Trois lois. — La loi de parenté. — La loi d'analogie. — La loi de personnalité. — L'histoire de la Céramique, c'est l'histoire de l'humanité. — Application des trois lois à l'art de la Gaule. — La poterie fournissant les points saillants de la généalogie de la race gauloise. — Première partie. — L'Orient en Gaule. — I. — Le repas funèbre. — § 1. Sommaire. — Les vases des tombes consacrés par le souvenir du mort. — Les festins funèbres d'usage constant chez les races orientales. — Des festins funèbres dans l'Inde. — Des festins funèbres chez les Hébreux. — Un enterrement gaulois d'après les textes et les monuments. — Permanence de l'usage des festins funèbres dans la Gaule moderne. — L'administration de la pompe funèbre à Rome.— Du cas que l'on doit faire du *cremabantur* de César et des urnes cinéraires en Gaule. — § 2. Sommaire. — La libation, suite du festin funèbre. — La soif des morts dans le *Ramayana*. — La soif des morts dans l'*Odyssée*. — La soif des morts au moyen âge. — La soif des morts chez les Bretons actuels. — II. — La coupe de l'immortalité. — § 1. Sommaire. — La coupe, symbole de génération, de renaissance et d'immortalité. — La coupe femelle, lotus des Égyptiens. — Le sacrifice du Sôma et la coupe des sept prêtres, chez les Aryas. — Le sacrifice du Haoma et la coupe du Zend Avesta, en Perse. — La coupe femelle, symbole du mariage et de la génération en Gaule. — La coupe des tombeaux. — Le gui potable et la coupe de Taliesin. — La coupe chez les patriarches, chez les Assyriens. — La coupe d'ambroisie chez les Grecs. — Le calice du chrétien. — § 2. Sommaire. — La coupe au moyen âge. — Les chevaliers de la coupe. — Peredur de Cornouaille. — Peronik de Bretagne. — Perceval des Minnesingers. — Perceval le Gallois. — La coupe des Akalis au Penjab. — La coupe à l'Orient. — III. — Le grand œuf sacré. — Sommaire. — L'œuf du scarabée égyptien. — L'œuf dans la Mahabarata et dans les peintures indiennes. — L'œuf sortant de la bouche de Cneph. — Ptha *stabilitor*. — L'œuf chez les Phéniciens — Explication de l'œuf *anguinum* de Pline. — L'œuf des Grecs. — L'œuf des Japonais. — La légende de Hu Gardan et de la belle Creiz Viou (milieu de l'œuf). — *Les œufs de Pâques en Perse.* — *Les œufs de Pâques en France.* — IV. — La personnalité gauloise, première époque. — Sommaire. — Transplantation de l'arbre de vie (Haoma) en Gaule. — Premiers caractères de la personnalité gauloise, de l'art national dans les poteries. — Ce que c'était que la barbarie gauloise. — Un clan gaulois. — Education libre de l'enfant. — Constitution de la famille. — Rôle de la femme. — Le fuseau et la lance. — Religion. — Contemplation sublime de la nature. — Irruption de la civilisation romaine. — César. — V. — La source de l'art gaulois. — Sommaire. — Conclusion de la première partie. — Prétention fausse de Rome au point de vue de l'art. — Personnalité artistique de la Gaule, avant l'arrivée des Romains. — De l'art gaulois, ne s'inspirant ni de l'Etrurie, ni de la Grèce, ni de l'Égypte, mais se rattachant comme eux à l'Orient primitif par les Ombriens, les Pélages et les premières dynasties des bords du Nil. — Point de contact de l'art gaulois avec l'Orient. — Ame commune. — Idée d'immortalité. — Culte des morts, origine des religions. — Vases semblables, donc usages communs. — Le repas funèbre, les libations, la coupe, l'œuf de la résurrection. — Explication du titre de cette première partie. — *L'Orient en Gaule.* — Deuxième partie. — Le romain en Gaule. — I. — Les instruments de la civilisation. — Le soldat. — Sommaire. — Invasion des Romains en Gaule. — César et ses soldats. — Massacre des Belges. — Massacre des Nerviens. — Sac de Namur. — Massacre des Venètes. — Massacre des Menapiens. —

Incendies à Amiens, en Bretagne, sur le Rhin, chez les Eburons, chez les Bituriges. — Bouleversement de la Gaule. — Victoire des Romains. — Nouveaux massacres à Gien, à Poitiers, au Puy d'Yssolu. — Les mains coupées. — Retour de César à Rome. — La Gaule ouverte à la civilisation. — II. — Les instruments de la civilisation. — La colonie, les empereurs. — Sommaire. — La colonie impériale napoléonienne. — La colonie impériale césarienne. — Centralisation. — Rome, ventre de l'univers. — *Panem et circenses*. — Les Grands. — Luxe et gourmandise. — Les empereurs. — Parricides, assassinats et autres joyeusetés. — On les tue, puis on leur élève des temples. — Les prêtres. — Les dames romaines. — Grandeur admirable de la civilisation latine. — III. — Les romains artistes. — Sommaire. — Les Césars des académiciens et les Césars de l'histoire anecdotique et de l'archéologie. — But de la digression des chapitres précédents. — J.-J. Rousseau et le paysan du Danube. — De la méthode de fabrication des poteries rouges de Toscane. — Le surmoulage romain. — L'art du camp de Châlons. — Le bout de l'oreille. — Le Grec vaincu, civilisant son vainqueur — Les Grecs fabricants de statues iconiques à Rome — Nullité de l'influence romaine en Gaule. — Occupation militaire de Lutèce d'après les monuments. — IV. — L'ère des Antonins (les philosophes). — Sommaire. — Période de calme. — Première renaissance. — Les empereurs philosophes : Trajan, Adrien, Antonin, Marc-Aurèle. — La religion officielle d'Auguste et la religion des initiés de la Grèce. — Identité du culte d'Isis et du culte de Koridwen. — La mère — Explication des autels de Chartres et de Châlons. — *Virgini pariturœ*. — Confirmation de la thèse qui précède par l'étude des statuettes gauloises, par l'étude de la poterie. — Des noms grecs et gaulois, tracés sur les vases. — V. — La personnalité gauloise, deuxième époque. — Sommaire. — Révolution des artistes laïques dans les sculptures des cathédrales, à la fin du douzième siècle. — Naturalisme dans l'art. Flore locale dans l'ornementation. — Types nationaux, celtes et gaulois, dans la statuaire. — Révolution coïncidant avec l'affranchissement des communes. — Analogie de la renaissance gauloise à l'époque des Antonins. Naturalisme dans l'ornementation des poteries. — Abandon des pontifs romains. — Accentuation très caractérisée de la personnalité gauloise — VI. — De la poterie parlante. — Sommaire. — De la poterie parlante chez les paysans français actuels. — La joie du repas en France. — Le repas anglais. — Le repas allemand. — Le banquet du Moyen de parvenir. — Les repues franches du Plat d'Etain. — La Cave peinte de Chinon. — La Pomme de pin au dix-septième siècle. — Le repas des gaulois anciens et le dieu Rire. — Propos des buveurs. — Le festin de Trimalcion. — Poterie parlante des premiers siècles. — Signatures des potiers romains. — Signatures des faïenciers italiens du seizième siècle. — Devises des faïences françaises à cette même époque. — La faïence révolutionnaire et les devises des citoyens en 1789. — Poteries parlantes chez les Grecs. — Poteries parlantes chez les Chinois. — Poteries parlantes chez les Russes. — La Joie et la Liberté. — Invasion germanique. — Mérovée. — VII. — La Renaissance de l'art Gaulois. — Sommaire. — Conclusion de la seconde partie. — Rome d'après Napoléon III et d'après Voltaire. — César massacra tout en Gaule et ne fit rien pour la civilisation. — Les empereurs ont pillé la Gaule mais ne l'ont pas civilisée. — La conquête rapprochant les vaincus. — Les Grecs, détruits, retrouvent des frères dans les Gaulois décimés. — De la putréfaction romaine, renaît une fleur divine, l'art gaulois. — Résumé de l'étude de cette renaissance. — Qu'a-t-on fait de Rome ? *Tout* — Que fut-elle ? *Rien*. — Qu'a-t-on fait de la Gaule ? *Rien* — Que fut-elle ? *Quelque chose*. — Troisième partie. — Le Frank en Gaule. — I. — Gesta dei per francos. — Sommaire. — La *Truste* de Merowig. — La bataille ! la bataille ! le pillage, l'orgie teutonique. — Parole de Frank. — L'interieur de la cour d'un roi frank. — Les femmes. — Les douces et blondes Germaines — La chasse à l'homme. — Incroyable supériorité des Franks dans l'invention des supplices. — Clovis et sa famille. — Massacres. — Clother et ses neveux. — Massacres. — Franks et Gaulois de 1879. — II. — Disparition et sommeil de l'art gaulois. — Sommaire. — Clovis et le vase de Soissons. — Les Franks artistes. — Fleurs de lis et fers de lance. — De la céramique des Franks. — Retour à la barbarie. — Le fantastique, la prédiction de saint Jean et la terreur de l'an mil. — Nuit complète. — Sommeil de l'art. — De ce que l'on peut voir dans une esquisse de grand maître. — De ce que donne l'étude des simples profils des vases. — Justesse de l'affirmation du savant Lelewel. — La Céramique, c'est l'histoire de l'humanité. — Conclusion.

DU MARIAGE

Par un philosophe du xviiie siècle. Avec préface, par Octave Uzanne. In-18 écu, de XIV et 96 pages, caractères elzéviriens.

Imprimé à 500 exemplaires sur papier vergé, numérotés de 1 à 500.   3 fr.

Et à 50 exemplaires sur papier Whatman, numérotés de 1 à 50.   6 fr.

Cet ouvrage, essentiellement curieux, est divisé en sept chapitres : I. Pourquoi les femmes désirent plus ardemment le mariage que les hommes ? — II. Pourquoi le sexe aime tant le mariage ? — Force et utilité de l'instinct. — III. Réflexion théologique d'un médecin contre la génération. IV. Quelles dispositions portent les femmes à se marier. — V. Réflexion sur la honte qu'ont les femmes d'être stériles. — VI. De l'origine du mariage. — La jalousie, passion déraisonable, a plus contribué que la raison à empêcher la communauté des femmes. — VII. Si le magistrat peut et doit punir la paillardise. — De Sara et de Rachel.

COUPS DE PLUME INDÉPENDANTS

Par A.-J. Pons. Un volume in-18 jésus de VI et 312 pages. . . . . **3 fr. 50**
Cent exemplaires sur papier vergé de Hollande numérotés de 1 à 100 . . . . **7 fr. 50**

Le succès du livre récemment publié par A.-J. Pons, *Sainte-Beuve et ses inconnues*, dont la douzième édition est en vente, a assuré d'avance à celui-ci de nombreux lecteurs.

Ce n'est pas à raconter l'existence d'un seul homme que se borne l'ambition de M. Pons; il passe en revue cette fois et juge à son gré la plupart de nos écrivains du jour. Victor Hugo, Zola, Tissot, Mérimée, Prud'hon, Alex. Dumas, Ph. Chasles, J. Claretie, Richepin, etc., sont tour à tour pris à partie et discutés avec indépendance. Persuadé que l'on peut sans inconvénient répéter au public ce qui se dit dans l'intimité, entre amis, M. Pons met de côté les ménagements, et, sans manquer au respect dû au vrai talent, il exprime son opinion avec une courageuse franchise. Pour plus de variété, il a joint à ses études sur nos grands auteurs contemporains, quelques travaux relatifs au moyen âge, et deux ou trois portraits des hommes qui dirigent aujourd'hui les affaires en Allemagne, Bismarck, de Moltke, etc. Une grande diversité de ton, beaucoup de verve et même un grain de passion, comme il s'en glisse aisément dans toute œuvre consciencieuse, recommandent ce nouveau volume, dont voici d'ailleurs les titres des chapitres :

Lettre-préface. — P.-J. Prud'hon; la pornocratie ou les femmes dans les temps modernes. — L'Assommoir. — On demande un critique. — M. Zola. — Prosper Mérimée. — Les Poètes de l'amour. — La Fille Elisa. — Philarète Chasles: la physiologie sociale des nouveaux peuples.— Philarète Chasles: Mémoires. — Pamphlet posthume. — Victor Hugo orateur ; Actes et paroles: Avant l'exil. — L'Affaire Marambat. — M. Maxime Ducamp : l'Attentat Fieschi. — M. Victor Tissot ; Voyage au pays des milliards; Les Prussiens en Allemagne; Voyage aux pays annexés. — Les débuts de M. de Bismarck. — Le ministère de M. de Bismarck. — M. de Moltke. — Théodore Mommsen. — M. Loyson. — Le Cirque et l'Académie. — Histoire des Croisades. — La Société au moyen âge ; Education des femmes. — Les Cours d'amour. — M. J. Claretie : les Muscadins — De la probité littéraire. — Lettre de Monaco. — Un peu de scepticisme. — Le suicide d'E. Dubrusquet. — Chronique littéraire.

DESCRIPTIONS DES COLLECTIONS DE SCEAUX MATRICES

De M. Dongé, par P. Charvet. — Un magnifique volume grand in-8 (XXXI et 357 pages) imprimé avec luxe sur papier vergé de Hollande et orné de nombreuses figures et planches finement gravées. (Tirage à petit nombre.) . . . . . 30 fr.

Cet ouvrage donne la description de *six cent-trente-huit pièces* comprenant ces collections ; et, chaque description est accompagnée de notes historiques. Une table alphabétique de 1,500 noms environ, noms de lieux et de personnes *inscrits* sur les sceaux, termine ce travail. *Cinq-cent-vingt-huit pièces sont françaises* ; il y a là un grand nombre de renseignements précieux dans l'histoire des anciennes provinces et villes de France, renseignements d'autant plus précieux que la plupart de ces pièces, sont de la plus insigne rareté.

Sous presse, pour paraître en février 1880

e sont les secres des dames translates de latin en fransois mes il sont defandus de reveler a fame par nostre sainct pere le pape sus paine descomuniement en la Decretal ad meam doctrinam.

CE SONT LES SECRES DES DAMES
DEFFENDUS A RÉVÉLER
PUBLIÉS POUR LA PREMIÈRE FOIS D'APRÈS
DES MANUSCRITS DU XVᵉ SIÈCLE
AVEC DES FAC-SIMILE, UNE INTRODUCTION, DES
NOTES ET UN APPENDICE
PAR LES Dʳˢ AL. C*** ET CH.-ED. C***

Ce volume, de format in-8° écu, imprimé avec luxe, partie en caractères gothiques, par A. Quantin, sera tiré à :

3oo exemplaires imprimés sur papier vergé. . . . . . 12 fr.
15 — — papier de Chine. . . . 25 fr.
2 — — parchemin. . . . . . . *vendus.*

SUR CE TIRAGE, *cent cinquante exemplaires imprimés sur papier vergé, et dix exemplaires imprimés sur papier de Chine,* seront SEULS *mis en vente.*

Ce livre, d'un intérêt singulier, met au jour un ancien texte français qui commande l'attention des curieux et des érudits. Une décrétale du Souverain Pontife, au moyen-âge, interdisait, paraît-il, de vulgariser sous peine d'excommunication ces *Secrets des Dames.* Par les progrès de la science, par l'adoucissement des mœurs, cette prohibition, qui n'avait pour objet dans son zèle que de sauvegarder la morale, depuis longtemps n'a plus de raison d'être, ou du moins, à travers les âges, elle est devenue un *telum imbelle* que le lecteur, comme l'éditeur, peut affronter « d'un cœur léger. »

Dans une introduction substantielle, dont on peut dire qu'elle a creusé la matière, il est traité : de la condition bibliographique des manuscrits originaux et principalement de celui, à tant d'égards remarquable, qui a servi de base à la publication ; de l'auteur et de la date de l'œuvre ; de la décrétale, etc. Des notes copieuses complètent le texte, éclairent les obscurités du sens et de la langue ; ce travail, que des exigences typographiques n'ont pas permis de développer au bas des pages, est poursuivi dans un Appendice, qui se termine par une Bibliographie raisonnée des éditions anciennes de la traduction en français du *Secreta mulierum* d'Albert-le-Grand.

On caractérisera l'ensemble de l'ouvrage en lui appliquant ces deux vers incorrects d'un ancien commentateur :

> Cerula non habent squamosos equora pisces
> Quot faceta istud dicta volumen habet.

LIBRAIRIE ANCIENNE ET MODERNE
ÉDOUARD ROUVEYRE, 1, rue des Saints-Pères, à Paris

VIENT DE PARAITRE
LA VERRERIE ANTIQUE
Description de la Collection Charvet
par W. FRŒHNER, ancien conservateur du Louvre

Volume grand in-folio, tiré à 150 exempl., orné de 36 vignettes et de 34 planches coloriées à la main, donnant les dessins grandeur nature de 127 verres. Prix : 250 fr.

Origines du verre. — Les verres opaques multicolores. — Verres imitant les pierres précieuses. — Verres polychromes imitant la exture du bois. — Verres à miniatures. — Verres ornés de gemmes artificielles. — Verres en forme de fruits et de figurines. — Verres ornés de bas reliefs. — Verres à décor géométrique. — Verres sans décors ; formes, couleurs, oxydation. — Les verres doublés. — Les verres soudés. — Verres à monture d'argent. — Verres gravés et verres taillés. — Verres peints ou dorés. — Objets divers en pâte vitreuse. — Table géographique. — Liste des noms de verriers.

Le prix des exemplaires qui resteraient disponibles après le 31 décembre sera porté à 500 fr.

DE LA MATIERE DES LIVRES

Par un bibliophile. Un joli volume in-8 écu, imprimé avec grand soin sur papier vergé de Hollande, titre rouge et noir, couverture parchemin replié.   3 fr.

Il a été fait un tirage de luxe à 60 exemplaires, tous numérotés :

2 exemplaires imprimés sur	parchemin	40 fr.	
6 —	—	papier du Japon	20 »
10 —	—	papier de Chine	12 »
12 —	—	papier teinté de Renage	8 »
30 —	—	Sey Bul-Mill	6 »

Définition du livre. — Histoire d'un livre. — Corps d'un livre — Brûler un livre. — Forme des premiers livres. — Rouleaux ou volumes. — Arrangement de leur partie intérieure chez les Grecs, chez les Chinois, chez les Juifs, etc. — Dénominations des livres. — Livres sybillins, Livres canoniques, Livres apocryphes, Livres authentiques, Livres auxiliaires, Livres élémentaires, Livres de bibliothèque, Livres exotériques, Livres acroamatiques, Livres defendus, Livres publics, Livres d'église, Livres de plain-chant, Livres de liturgie, Livres d'église en Angleterre, chez les Juifs, etc. — Distinction des livres — Livres pontificaux, Livres rituels, Livres des Augures, Livres des aruspices, Livres achérontiques, Livres fulminants, Livres fatals, Livres noirs, Bons livres, Livres spirituels, Livres profanes, etc. — Qualités des livres. — Livres clairs et détaillés, Livres obscènes, Livres prolixes, Livres utiles, Livres complets, etc. — Division des livres. — Livres en papier, parchemin, en toile, en cuir, en bois, en cire, en ivoire. — Livres manuscrits, imprimés, en blanc. — Livres perdus, Livres imaginaires, Livres promis, Livres d'ana et d'anti. — Différents buts des livres. — Usages des livres. — Eloges donnés aux livres. — Mauvais effets imputés aux livres. — Maniere d'écrire ou de composer un livre. — Qualités principales exigees dans un livre. — Manière de penser des anciens. — Faute des auteurs. — Formes ou méthode d'un livre. — Première origine des livres. — Multitude prodigieuse des livres. — Livres élémentaires. — Petit nombre de livres à choisir. — Jugement et choix que l'on doit faire d'un livre. — Décadence de la langue latine. — Regles pour juger des livres. — Marques particulières de la bonté d'un livre, etc.

TRAITÉ COMPLET DE LA SCIENCE DU BLASON

A l'usage des bibliophiles, archéologues, amateurs d'objets d'art et de curiosité, numismates, archivistes, artistes, etc., par Jouffroy d'Eschavannes.

Ouvrage accompagné de nombreux blasons finement gravés sur bois.

Un beau volume in-8 écu de 265 pages, titre rouge et noir, imprimé avec luxe, orné de plus de TROIS CENTS BLASONS, spécialement dessinés et finement gravés pour cet ouvrage.

Exemplaire imprimé sur papier vergé . . . . 6 fr.

Il a été fait un tirage de luxe à 100 exemplaires tous numérotés.

3 Exempl.	sur parchemin..........	N°°	1 à 3	80 fr.
12	— sur papier du Japon.....		4 à 15	40 »
15	— — de Chine.....		16 à 30	25 »
20	— — teinté de Renage.		31 à 50	20 »
50	— — Whatman....		51 à 100	15 »

Ce *Traité complet de la science du Blason*, pour lequel nous n'avons pas hésité à faire les plus grands sacrifices en raison de son utilité incontestable, a sa place marquée d'avance dans toutes les bibliothèques publiques et particulières. Le nom de l'auteur de l'*Armorial universel* est connu du public d'élite auquel nous nous adressons. En entreprenant la publication de ce travail, nous avons voulu venir en aide aux chercheurs, aux curieux et aux érudits, et afin que la forme de ce livre puisse répondre au fond, nous en avons confié l'impression à un imprimeur amoureux du beau et dont les travaux précédents nous ont été garants de la parfaite exécution matérielle. — Voici les titres des chapitres du TRAITÉ COMPLET DE LA SCIENCE DU BLASON :

I. Origine des armoiries. — II. Écu, ses formes, ses partitions, positions des figures sur l'écu. — III. Emaux. — IV. Des figures, pièces ou meubles couvrant l'écu. — V. Des croix. — VI. Pièces héraldiques diminuées. — VII. Séances ou Sécantes partitions. — VIII. Figures naturelles. — IX. Figures artificielles. — X. Figures chimériques. — XI. Ornements extérieurs de l'écu, timbres, casques et heaumes. — XII. Couronnes. — XIII. Cimiers. — XIV. Supports et tenants. — XV. Cri d'armes et devises; Pavillons, manteaux et insignes. — XVI. Des diverses sortes d'armoiries. — L'ouvrage est terminé par un *Dictionnaire des termes de Blason.*

I. — Origine des Armoiries.

II. — Ecu. *Ses formes, ses partitions, positions des figures sur l'écu.*

Formes de l'Ecu. — Ecu français. — Ecu ancien. — Ecu en bannière. — Ecu des filles ou femmes. — Ecu espagnol. — Ecu allemand. — Ecu italien. — Ecu anglais.

Des partitions de l'Ecu. — Le parti. — Le coupé. — Le tranché. — Le taillé. — Le tiercé. — L'écartelé.

Positions des figures sur l'Ecu. — Le chef. — Le point. — Le canton dextre. — Le canton senestre. — Le point d'honneur. — Le cœur. — Le nombril. — Le flanc dextre. — Le flanc sénestre. — La pointe de l'écu.

III. — Emaux.

Or. — Argent. — Gueules. — Azur. — Sinople. — Sable. — Hermine. — Vair.

IV. — Des Figures, Pièces ou Meubles qui couvrent l'Ecu.

Figures héraldiques. — *Pièces héraldiques de premier ordre ou honorables.* — Le chef. — Le pal. — La fasce. — La bande. — La barre. — La croix. — Le sautoir. — Le chevron. — La bordure. — Le franc quartier. — La champagne.

Figures héraldiques de second ordre. — Le pairle. — Le canton. — Le giron. — L'orle. — Le trescheur ou essonnier. — La pointe — La pile. — Le lambel.

Figures héraldiques de troisième ordre. — Les billettes. — Les carreaux. — Les losanges. — Les fusées. — Les macles. — Les rustes. — Les besants. — Les tourteaux. — Besants-tourteaux. — Tourteaux-besants.

V. — Des Croix.

Croix simple ou pleine. — Croix pattée. — Croix au pied fiché. — Croix alésée. — Croix ancrée. — Croix de potence. — Croix potencée. — Croix florencée ou fleurdelisée. — Croix recroissettée. — Croix engrêlée. — Croix dentelée. — Croix vidée. — Croix gringolée. — Croix écotée. — Croix pommetée. — Croix de Lorraine. — Croix échiquetée. — Croix fourchetée. — Croix tréflée. — Croix frettée. — Croix entée. — Croix bretessée. — Croix retranchée. — Croix recercelée.

VI. — Pièces héraldiques diminuées.

Le comble. — La vergette. — La divise ou fasce en divise.

— Les burèles. — Les jumelles. — Les tierces. — Le filet. — Le flanchis. — L'étai. — La cotice. — Le bâton. — La plaine.

VII. — Séances ou Sécantes partitions.

Le fascé. — Le palé. — Le bandé et le barré. — Le chevronné. — Le vairé. — Les points équipollés. — L'échiqueté. — Le losangé. — Le fuselé. — Le cantonné. — Le fretté. — Le papelonné. — Le plumeté. — Le flanqué. — Le chapé. — Le mantelé. — Le chaussé. — Le chapé-chaussé. — L'embrassé. — L'emmanché. — Contre-palé. — Contre-fascé. — Contre-bandé.

VIII. — Figures naturelles.

Le soleil. — Ombre de soleil. — Le croissant. — L'arc-en-ciel. — Les étoiles. — Les nuées. — Les comètes. — Le feu. — L'eau. — L'homme. — La femme. — Les yeux. — Les bras. — Les mains. — La foi. — Les jambes. — Les os de l'homme. — Le lion rampant. — Le lion posé. — La tête du lion. — Le léopard. — Le lion léopardé. — Le léopard lionné. — Le cerf. — Le rencontre ou tête de cerf. — Le cheval. — La tête du cheval. — Le bœuf ou la vache. — Le rencontre ou tête de bœuf. — Le bélier. — Le chien. — L'éléphant. — Les proboscides ou trompes d'éléphant. — Le sanglier. — L'écureuil. — Le lapin ou connil. — L'ours. — Le limaçon. — La couleuvre. — Le dauphin. — Les chabots. — Les bards ou barbeaux. — Les écrevisses. — Les coquilles. — Les vannets. — L'aigle. — Les aiglettes. — Les alérions. — Le vol de l'aigle. — Le pélican. — Le coq. — Le cygne. — La grue. — Le paon. — Les canettes. — Les merlettes. — Le papillon. — Les mouches ou taons. — Les doublets. — Les arbres. — Les lis de jardin. — Fleur de lis. — Fleurs de lis au pied nourri. — Fleur de lis épanouie. — La rose. — La grenade. — Ancolies. — Les trèfles. — Les tiercefeuilles. — Les quartefeuilles. — Les quintefeuilles. — Les coquerelles. — Le créquier ou prunier sauvage. — Les glands.

IX. — Figures artificielles.

Anilles. — Annelets. — Badelaires. — Bouterolles. — Broies. — Béliers militaires. — Chandeliers. — Chaînes. — Chaussetrapes. — Clefs. — Clous. — Cornière. — Couronnes. — Doloires. — Fermaux. — Gonfanon. — Grillets. — Hameide. — Herse. — Hie. — Houssettes. — Huchet. — Maçonné. — Maillets. — Manipule. — Molettes d'éperon. — Monde. — Navire. — Otelles. — Patenôtres. — Pheons. — Pignates. — Pont. — Rais d'escarboucle. — Roc. — Tortil. — Tour. — Triangle. — Vertenelle.

X. — Figures chimériques.

Aigle éployée. — Amphiptère. — Centaure. — Chimère. — Diable. — Dragon. — Dragon à figure humaine. — Givre. — Griffon. — Harpie. — Licorne. — Lion dragonné. — Lion mariné. — Phénix. — Salamandre. — Sirène ou Mélusine.

XI. — Ornements extérieurs de l'Écu, Timbres, Casques et Heaumes.

Heaume des souverains. — Heaume des princes. — Heaume des ducs et marquis. — Heaume des comtes et vicomtes. — Heaume des gentilshommes de trois races. — Heaume des nouveaux anoblis. — Heaume des bâtards.

XII. — Couronnes.

Tiare papale. — Couronne impériale. — Couronne royale de France. — Couronne royale. — Couronne royale d'Angleterre. — Couronne ducale de Toscane. — Couronne des dauphins de France. — Couronne des enfants de France. — Couronne des princes du sang. — Couronne des princes du Saint-Empire. — Couronne des ducs. — Couronne des marquis. — Couronne des comtes. — Couronne des vicomtes. — Couronne des vidames. — Couronne des barons. — Couronne des chevaliers. — Bourrelet. — Mortier des chanceliers. — Mortier des présidents. — Chapeau des cardinaux. — Chapeau des archevêques. — Chapeau d'évêques. — Chapeau des abbés. — Toque des ducs. — Toque des comtes. — Toque des barons. — Toque des chevaliers.

XIII. — Lambrequins, Mantelets et Bourrelets.

XIV. — Cimiers.

XV. — Supports et Tenants.

XVI. — Cri d'armes, Devises et Pavillons.

Le cri. — La devise. — Pavillons. — Manteaux et insignes.

XVII. — Des diverses sortes d'Armoiries.

Armes pures et pleines. — Armes brisées. — Armes parlantes. — Armes vraies. — Armes de domaine et de possession. — Armes d'alliance. — Armes de communauté. — Armes de succession. — Armes de prétention. — Armes de concession. — Armes de substitution. — Armes chargées.

XVIII. — Dictionnaire des Termes de Blason.

MÉMOIRES DU DUC DE LAUZUN

Edition complète précédée d'une étude sur Lauzun et ses mémoires, par Georges d'Heylli. 1 magnifique volume in-8° écu (XLVIII et 264 pages) nombreux fleurons, lettres ornées et culs-de-lampe gravés sur des documents de l'époque, titre rouge et noir, couverture repliée. — Frontispice à l'eau forte, en tête et culs-de-lampe gravés par de Malval, imprimés *dans* le texte selon les véritables règles de l'art typographique.

L'impression de ces trois eaux-fortes a été confié à A. Salmon.

500 exempl.	sur papier vergé de Hollande à la forme.	**10** fr.
50	— — Whatman Turkey-Mill	20 »
20	— — teinté de Renage	20 »
15	— — de Chine véritable	25 »
12	— — du Japon	40 »
3	— sur peau de vélin	80 »

Avis concernant les exemplaires de luxe

Une imposition nouvelle, *spéciale* aux exemplaires tirés sur papier de choix, fait de ces exemplaires de véritables grands papiers, c'est-à-dire que la marge du fond est en rapport avec les marges extérieures. En outre, ces exemplaires de luxe ont trois états de chaque eau-forte avant la lettre.

Il n'a pas été publié d'édition complète des *Mémoires du duc de Lauzun*, depuis celle qu'en a donnée M. Louis Lacour en 1855 et qui, d'abord interdite, a été autorisée de nouveau et réimprimée une deuxième fois, en 1858. Cette édition était elle-même la première qui vit le jour, depuis l'édition Princeps de 1821, et dans laquelle la Restauration avait exigé bon nombre de suppressions de noms ou de faits compromettants pour de hauts personnages, et surtout pour de grandes dames qui vivaient encore à cette époque.

Ces *Mémoires de Lauzun*, qui s'étendent de l'année 1744 à l'année 1783, sont des plus intéressants pour cette partie de l'histoire du XVIII° siècle. Ils sont, en effet, d'un grand et curieux enseignement historique, en ce sens qu'ils nous retracent en traits fort justes et fort exacts, le tableau du temps, ses usages, ses mœurs, ses goûts, tableau qui n'est ni forcé, ni exagéré, et qui constitue à propos de l'existence libertine d'un grand seigneur de la fin du règne de Louis XV et du commencement de celui de Louis XVI, un document pris sur le vif et par conséquent de véritable valeur. Ils nous donnent, dans les plus grands détails, le récit des aventures de la première partie de la vie de Lauzun, sorte de Don Juan dont toute la jeunesse se passa au milieu des aventures les plus licencieuses et, en même temps, les plus intéressantes.

Le lecteur trouvera d'ailleurs, dans la notice de M. Georges d'Heylli, qui ouvre le volume, tous les renseignements nécessaires sur Lauzun et sur ses mémoires. Il y trouvera également le récit des dernières années de la vie de ce brillant personnage qui fournit, sous le nom de Biron, un meilleur emploi de ses facultés intellectuelles, mais qui finit par expier sur l'échafaud toutes les folies de sa jeunesse.

La présente édition est absolument conforme à celle que la Restauration avait d'abord poursuivie et que M. Louis Lacour nous a rendue dans sa complète intégrité. Nous y avons rétabli, avec le soin le plus scrupuleux, l'orthographe des noms cités et que les autres éditions avaient toujours donnés d'une manière inexacte et peut-être intentionnellement erronée.

I. § I. Pourquoi ces mémoires? — Le duc de Gontaut, père de Lauzun. — Premières années de Lauzun. — Son éducation. — Sa famille. — Le duc de Choiseul. — Madame de Gramont. — Premières amours. — Mademoiselle de Bauveau. — La petite Beaubours. — Relations avec Mademoiselle d'Esparbès. — La princesse de Tingry. — Madame de Stainville. — Mariage de Lauzun. — Aventures amoureuses. — Madame de Cambis. — Lady Bunbury. — Son arrivée à Paris. — Jalousie qu'elle excite. — § II. Aventure de Clairval et de Madame de Stainville. — Lauzun en froid avec son père. — Rencontre de lady Bunbury chez Madame du Deffand. — Scènes amoureuses. — Correspondance. — Voyage en Angleterre. — Séjour aux eaux de Bath. — Rupture avec lady Bunbury. — § III. Relations avec Mademoiselle Vaubernier et le comte du Barry. — Campagne en Corse. — Madame Tetard, danseuse d l'Opéra. — La Du Barry. — Le sorcier Dubuisson. — Madame Chardon. — M. de Marbœuf. — Lauzun en danger. — Echec de Borgho. — Affaire de Barbaggio. — Retour à Paris. — Réception par le Roi et la Du Barry. — Voyage avec la cour à Compiegne. — Madame Chardon à Paris. — Mademoiselle Audinot. — Choiseul exilé. — Séjour à Chanteloup. — Bal chez la Dauphine. — Rosalie. — La comtesse Dillon. — La nièce de Fleury. — Souper chez Madame de Laval. — Tristes adieux à Madame Dillon. — § IV. Lauzun retourne à Londres. — La princesse Czartoryska. — Lady Craven. — Madame Hampden. — Lady Bunbury retrouvée. — Marianne Harland. — Sa lettre à Lauzun. Intimité avec la princesse. — Mesdames de Saint-Léger. — M. Branicki. — Voyage à Anvers. — Récit personnel de la princesse. — Lauzun la suit en Hollande. — Le médecin Gaubius. — § V. Lauzun jaloux. — Départ pour Amsterdam. — Retour à Bruxelles, puis à Paris. — Le prince Repnine. — Dialogue avec lui. — Voyage à Fontainebleau. — Lettre de la princesse. — Voyage en Pologne avec elle. — Mort de Louis XV. — Rentrée au régiment. — Nouveau départ pour la Pologne. — Accouchement de la princesse. — Les Dombowski. — Séjour à Dresde, puis à Berlin. — Liaison avec Madame de Hatzfeldt. — Scène de bal masqué. — Ordre de départ. — Retour en France. — Lauzun reçu avec faveur par la Reine. — § VI. Fin de liaison avec la princesse. — Mademoiselle Plunkett. — Relations avec la baronne Dalberg. — Scène avec Mademoiselle Odune. — La tragédie en société. — Courses de chevaux. — Faveur croissante de Lauzun auprès de la Reine. — La princesse de Lamballe. — Lauzun, conseiller politique de la Reine. — Avances qu'elle lui fait. — Audiences diverses. — Histoire d'une plume de héron. — Voyages à Chanteloup. — Intrigues de Madame de Gramont. — Les Harland à Paris. — § VII. La comtesse de Polignac. — Faveur extrême dont la Reine honore Lauzun. — Le Jeu de la Reine. — Les Chasses du Roi. — Lady Barrymore. — Jalousie de la Reine. — Bals au Palais-Royal et à l'Opéra. — Lauzun rival du comte d'Artois. — M. de Saint-Germain, ministre de la guerre. — Affaire de la réforme des légions. — Le comte de Guines rappelé de Londres. — Il est créé duc. — Grand crédit de Lauzun. — La Reine l'envoie à Plombières. — Lauzun à son régiment. — Aventure avec une chanoinesse. — Retour à Paris et à la Cour. — Lauzun demande à servir aux Indes. — Voyage à Fontainebleau. — Etat critique de la fortune de Lauzun. — Ses dettes. — Madame de Lauzun. — Générosité de M. de Voyer. — M. de Maurepas. — Brouille avec les Choiseul. — Arrangements financiers. — Diminution de faveur à la Cour. — L'ordre de la *Persévérance* aussitôt disparu que créé. — Madame de Faudoas. — Mariage de Fanny Harland. — Retour au régiment. — § VIII. Madame Brown. — Sa mort. — Voyage à Londres. — Mort de Madame E. Dillon. — Séjour à Bath. — Lettre à l'impératrice de Russie. — Retour à Paris. Défaite de Burgoyne à Sarratoga. — Miss Juliette Stanton. — Son histoire. — Le ministère de Noailles. — Manque d'esprit de sa femme. — Discussions d'affaires personnelles. — Lauzun à Versailles. — Son importance à la Cour. Necker. — Déclaration de guerre à l'Angleterre. — Nouveau séjour à Londres. — Retour en France. — Rentrée au régiment. — Miss Paddock. — Mémoires sur Guernesey et Jersey. — Lauzun passe au département de la marine. — Entrevue avec la Reine. — Relations avec Madame de Martainville. — Projets d'expédition au Sénégal. — Départ. — Succès de l'expédition. — Prise de la Gambie. — Retour en France. — Défaveur de Lauzun. — Il donne sa démission. — Madame de Coigny. — § IX. M. de Maurepas. — Préparatifs de guerre contre l'Angleterre. — Composition de l'armée. — Ses généraux. — Retour de Lauzun à Paris. — Mesdames de Coigny et de Guéménée. — Projets d'expédition en Amérique. — M. de Rochambeau.

— Départ de Lauzun avec l'armée. — Débarquement en Amérique. — Détails de la campagne. — Mesdames Hunter. — Washington. — Sa rencontre avec Lauzun. — Difficultés avec Rochambeau. — Changements de ministres. — Conseil de guerre. — Colère de Washington. — Echec des Anglais. — Passage de la rivière du Nord, — Lauzun vient en aide à Viomènil. — Lafayette. — Affaire de Chesapeak. — Le général Wiedon. — Blocus de Glocester. — Lauzun aux ordres de M. de Choisy. — Le colonel Tarleton. — Capitulation de Cornwalis. — Lauzun chargé de porter en France la nouvelle de nos succès — ? X. Retour à Versailles. — Entrevue avec le roi et avec M. de Ségur. — M. de Castries. — Lauzun et Madame de Coigny. — Madame Robinson. — M. de Coigny. — Madame de Polignac. — Nouveau départ pour l'Amérique. — M. de Bozon. — Lauzun malade à bord. — Combat naval. — Débarquement. — Lauzun au camp de Rochambeau. — Seconde campagne en Amérique. — Conclusion de la paix. — Préparatifs de retour en France.

ARMORIAL DU BIBLIOPHILE

Par M. Joannis Guigard. Ouvrage orné d'environ 1500 figures gravées dans le texte. L'ouvrage entier forme deux tomes en un volume grand in-8°. Au lieu de 24 fr. 18 fr.

Tout collectionneur, tout ami des livres, homme du monde, savant, libraire ou bibliothécaire. devra posséder cette œuvre, qui répond au mouvement toujours croissant de la bibliophilie parmi ceux que ne laissent point indifférents les hautes manifestations de l'esprit.

LES AMATEURS DE VIEUX LIVRES.

Par P.-L. Jacob, bibliophile, in-8 écu imprimé sur papier vergé, couverture parchemin replié. 3 fr.

Il a été fait un tirage de luxe à 60 exemplaires, tous numérotés :

2 exemp. imp. sur parchemin,			n° 1 et 2.	40 fr.
6	—	—	papier du Japon,	3 à 8.	20 »
10	—	—	— de Chine,	9 à 18.	12 »
12	—	—	— teinté de Renage,	19 à 30.	8 »
30	—	—	— Seychall Mill,	31 à 60.	6 »

Les Bouquins. — Bouquinistes à la mode. — Bouquinistes de la vieille roche. — Bouquinistes avares. — Les Epiciers. — Les

Etalagistes. — Les Bibliomanes. (Les Exclusifs. Les Fantasques. Les Curieux. Les Vaniteux. Les Thésauriseurs). — Les Bibliophiles. — Les Bouquineurs.

POÉSIES DE PROSPER BLANCHEMAIN.

Poëmes et poésies. (Couronnés par l'Académie française). — Foi, Espérance et Charité. - Fleurs de France. — Sonnets et Fantaisies. — 2 beaux volumes in-18 (256 et 246 pages). Edition de grand luxe, imprimée à 600 exemplaires numérotés, ornée du portrait de l'auteur et de cinq délicieuses eaux-fortes, gravées par Gaujean, Lerat et Mongin, d'après les dessins de Marius Perret.

500 exemp.	sur papier teinté,	n° 101 à 600	20 fr.
50 —	— vergé,	n° 51 à 100	30 »
25 —	— Whatman,	n° 26 à 50	40 »
25 —	— de Chine,	n° 1 à 25	40 »

Les exemplaires imprimés sur papier vergé, papier Whatman et papier de Chine ont des épreuves de chaque eau-forte, *avant toute lettre,* imprimées sur leur papier respectif, en noir, en bistre et en sanguine.

M. Prosper Blanchemain, l'éditeur des œuvres complètes de Ronsard, le grand bibliographe amoureux des hommes et des œuvres du XVIe siècle, vient de réunir en deux volumes ses œuvres complètes en vers. — La poétique de cet érudit ne se ressent d'aucune école, sa lyre est souple et sonore, on sent que la muse qui l'inspire est la digne petite-fille des Parnassides émues du siècle de Magny. L'Académie française a du reste compris et récompensé le mérite réel de ces œuvres par un prix décerné à l'auteur.

DE L'AMEUBLEMENT ET DE LA DÉCORATION INTÉRIEURE DE NOS APPARTEMENTS

Conférence faite à l'Union centrale des beaux-arts appliqués à l'industrie par E. Guichard, architecte décorateur, ancien président de cette société. In-8° écu imprimé sur papier vergé, couverture parchemin replié.   3 fr.

Il a été fait un tirage de luxe à 60 exemplaires, tous numérotés.

2 Exemp. imp. sur parchemin	N° 1 à 2	40 fr.
6 — — papier du Japon	3 à 8	20 »
10 — — — de Chine	9 à 18	12 »
12 — — — teinté de Renage	19 à 30	8 »
30 — — Seychall Mill.	31 à 60	6 »

HISTOIRE DE L'ORNEMENTATION DES MANUSCRITS.

Par Ferdinand Denis, conservateur-administrateur à la Bibliothèque Sainte-Geneviève. — Beau volume in-8° jésus, imprimé avec grand soin, par Louis Perrin, brochure de luxe, couverture en parchemin. **15 fr.**

Cette magnifique publication (édition tirée à 600 exemplaires) ornée d'un frontispice, de 140 planches, (vignettes, lettres ornées, culs-de-lampe, etc.), finement gravées sur bois, reproduisant les types les plus intéressants du moyen âge, contient 24 chapitres dont voici les sommaires:

§ I. Une opinion du Dante sur l'art français. — Antiquité de la peinture dans les livres. — L'art chez les Grecs & chez les Romains. — Bas siècles. — § II. Calligraphes de la Grèce. — Divisions établies parmi eux en raison de leurs travaux. — Illuminateurs du Bas-Empire. — Ils forment diverses écoles en Europe. — § III. Les Iconoclastes. — Destruction des manuscrits à miniatures. — Martyre de quelques illuminateurs. — Fin de la persécution des empereurs contre les images. — § IV. Peintres & calligraphes de l'Angleterre & de l'Irlande. — Saint Austin. — Livres ornés apportés directement de Byzance. — Théodore de Tarse. — § V. Manuscrits de l'époque carlovingienne. — Charlemagne. — Ecole d'illuminateurs fondée en France par Alcuin. — Tradition qui la place dans le palais des Thermes. — Illuminations célèbres du VIIIe & du IXe siècle. — § VI. Le Xe siècle. — Rareté des livres écrits à son début. — Monuments calligraphiques de cette période. Terreurs religieuses inspirées par l'an mille. — Quelques beaux manuscrits. — Persistance du symbole antique. — § VII. Prix des manuscrits du VIIIe au XIe siècle. — Prodigieuse cherté des matières premières. — Un livre pour une métairie. — § VIII. Majuscules ornées des manuscrits à partir de l'époque carlovingienne. — Leur magnificence durant les vıı⁹ ıx⁹, x⁹ & xı⁹ fiècles. — Leur dénomination. — Similitude qu'elles préfentent avec les formes architectoniques. — Opinion de M. Vitet à ce fujet. — § IX. Des ornements & de la poffibilité d'en tirer des inductions pour reconnaître l'âge des manuscrits. — X. Rénovation dans l'art au xı⁹ fiècle. — Ecole byzantine fondée en Sicile. — Son influence. — Œuvres calligraphiques importantes remontant à cette époque.—XI. Révolution dans l'art au xıı⁹ fiècle. — Enfeignement technique de Théophile. — Un mot fur le moine Eraclius. - § XII. xııı⁹ fiècle. — Changement fpontané dans l'architecture. — Gœthe & l'école byzantine. — Nombre toujours croiffant des calligraphes illuminateurs en France. - Variété des ouvrages qu'ils font appelés à orner. — Ils cachent leur nom par humilité. — Révolution complète dans le ftyle des miniatures. — § XIII. Début du xıv⁹ fiècle. - Charles V & la bibliothèque du Louvre. — Son frère le duc de Berry. — Jehanne de France. — Patronage des peintres de plate peinture. — Protecteurs de l'art. — Artiftes du xıv⁹ fiècle. — Leurs œuvres.—§ XIV. xv⁹ fiècle en Flandre. — Protection accordée à l'art par les ducs de Bourgogne. — Van-Eyck. — Hemling. — Le roi René. — Mathias Corvin. — Les rois portugais. — § XV. Les peintres imagiers. — Peintres exécutant la plate peinture. — Travaux qui demeurent dans leurs attributions. — Coup d'œil fur ceux qui font les plus célèbres au xv⁹ & au xvı⁹ fiècle. — Vers compofés par Lemaire de Belges en leur honneur. — § XVI. Prodigieufe cherté des livres du xv⁹ au xvı⁹ fiècle. — Dépenfes extraordinaires des ducs de Bourgogne pour enrichir leur bibliothèque. — Ce que les livres enluminés valaient à cette époque en Italie & en France. — § XVII. Vente des livres de la couronne. — Le duc de Bedford. — Retour de ces volumes à la bibliothèque du roi. — Beauneveu.—Légendes & traditions qui fe rattachent à quelques manufcrits.—XVIII. Jehan Foucquet & fa famille.—Protection accordée par la cour de France à cet artifte éminent. — Miniaturiftes français & allemands du xv⁹ fiècle. - Thomas à Kempis. — § XIX. Miniaturiftes italiens du xv⁹ fiècle. — Le Monge des îles d'Or. — Atavante. — Léonard de Vinci & l'œuvre de Luca Paciolo. — Les grands maîtres devenus illuminateurs. - Raphaël & Michel-Ange. — § XX. Les miniaturiftes français du xvı⁹ fiècle. — Le premier des trois Clouet. — Les Heures d'Anne de Bretagne. — Jehan Bourdichon. — Jehan Poyet. — Jehan Riveron, &c. — § XXI. Miniaturiftes du xvı⁹ fiècle. — Temps de François I⁹ʳ & de Henri II. — Fondation d'une académie de calligraphes fous Charles IX. — Une manie déplorable de Henri III. — § XXII. Les premiers monuments de la typographie destinés à rappeler ceux de la calligraphie. — Ornements xylographiques. — § XXIII. Fin du xvie siècle. — Décadence absolue de l'art. — Louis XIII & Louis XIV. — Les derniers miniaturistes & les derniers calligraphes, — Jarry. — Nicolas Robert. — Aubriet. — XXIV. Art oriental.

~~~~~~~~

MISCELLANÉES BIBLIOGRAPHIQUES, publiés par Édouard Rouveyre et Octave Uzanne, avec la collaboration de MM. Louis de Backer, Prosper Blanchemain, Gustave Brunet, Champfleury, L. Dérôme, Fernand Drujon, René Kerviler, Léon de Labessade, Paul Lacroix, Jules Le Petit, Charles de Lovenjoul, Louis Mohr, Gustave Mouravit, Alexandre Piedagnel, Louis Vian, le bibliophile Job, etc. Paris, 1878, un beau vol. in-8 de plus de 200 pages, couverture et titre rouge et noir, papier vergé teinté.   **7,50**

Livres français perdus, par M. G. Brunet. — Du papier, par Jehan Guet. — Signes distinctifs des éditions originales de Montesquieu, par L. Dangeau. — Remarques sur les éditions du xve siècle et sur le mode de leur exécution, par P. Lambinet. — Du prêt des livres, par Octave Uzanne. - De la classification des autographes, des estampes et des gravures, par Ed. Rouveyre. — Quelle est la véritable édition originale de « Phèdre et Hippolyte » de Racine, par Asmodée. — Du nettoyage des estampes et des gravures, par Jehan Guet. — Fac-simile du titre de la première édition du grand voyage au pays des Hurons, par Gabriel Sagard Théodat, 1632. — Procédé pour raviver l'écriture sur les vieux parchemins. - De la multiplicité des livres, par Van de Weyer. — L'Illustromanie, par Octave Uzanne. — Fac-simile de la première page d'un manuscrit d'amour du xvie siècle. — Livres imaginaires et souvenir de bibliographie satirique, par René Kerviler. — La véritable édition originale des Caractères de Théophraste, par la Bruyère, et celle des Réflexions ou sentences et maximes morales (par le duc de la Rochefoucauld), par Asmodée. — Les Prières de la Marquise de Rambouillet, par Prosper Blanchemain. — Edwin Tross et ses publications, par le bibliophile Job. — Alfred de Musset et ses prétendues attaques contre Victor Hugo, par Ch. de Lovenjoul. — Les annotateurs de livres, par Octave Uzanne. — Livres à Clef, par le bibliophile Job. - Les manuscrits du xviiie siècle, par Loys Francia. — Quelle est la comtesse des Plaideurs de Racine, par J. ldbook. — Un livre rarissime i imé à Toulouse : Las Ordonansas et costumas del Libre blanc. Tolosas, 1555, par le bibliophile Job. — Livres découpés à jour, par Gustave Mouravit. — Du plagiat, par Alexandre Piedagnel. — Nouvelles remarques sur les Petits conteurs, édition Cazin. Paris, 1878, par Asmodée.—Les impressions microscopiques, par Louis Mohr. — Des livres et des bibliothèques. — Catalogue des anagrammes, devises et pseudonymes des poètes du xvie siècle, par Prosper Blanchemain. — Livres commencés et non achevés, par G. Brunet. — Des titres de livres, par Octave Uzanne. — Les livres imprimés en couleur au xviiie siècle, par Léon de Labessade. — La Légende flamande de Saint Brandon et sa bibliographie, par Louis de Backer. — Des dédicaces des livres, changées ou supprimées, par P.-L. Jacob, bibliophile.

MISCELLANÉES BIBLIOGRAPHIQUES, publiés par Édouard Rouveyre et Octave Uzanne, avec la collaboration de MM. Louis de Backer, Prosper Blanchemain, Gustave Brunet, Champfleury, L. Dérôme, Fernand Drujon, René Kerviler, Léon de Labessade, Paul Lacroix, Jules Le Petit, Charles de Lovenjoul, Louis Mohr, Gustave Mouravit, Alexandre Piedagnel, Louis Vian, le bibliophile Job, etc. Paris, 1879, un beau vol. in-8 de plus de 200 pages, couverture et titre rouge et noir, papier vergé teinté. **7,50**

Livres imaginaires et souvenirs de bibliographie satirique, par René Kerviler.—*Catalogue de l'œuvre littéraire d'Henry Monnier* par Champfleury. — *Enseignes des anciens libraires* (xvie siècle), par le bibliophile Job. — *Un nouvel autographe de Molière*, par Asmodée, — *Bibliographie de la ville de Bergues et de ses environs*, (x^e au xve siècle), par Louis de Backer. — *Notice sur un livre philosophique inconnu, ou peu s'en faut*, par G. B. — *Sur un plagiat (Corneille et Godeau)*, par Réné Kerviler. — *Le Bouquiniste assassin*, par Prosper Blanchemain. — *Les livres illustrés des* xviiie *et* xixe *siècles*. — *Nouvelles recherches sur la première édition des*

Réflexions et Maximes morales du duc de La Rochefoucault, par Jules Le Petit et A. Madden. — *La librairie parisienne au* XVIIIe *siècle*, par le bibliophile Job. — *Quelques notes du célèbre bibliographe Mercier de Saint-Léger*. — *Le commerce des livres anciens*, par Paul Lacroix. — *Lettre au comte Auguste Nadaillan, sur le goût des livres (1785)*, par Mérard de Saint-Just. — *Des manuscrits retrouvés*. — *La bibliothèque de Jeanne Bequs, comtesse Du Barry*, par Léon de Labessade. — *Observations sur quelques passages de Rabelais*, par le Bibliophile Job. — etc., etc.

CONNAISSANCES NÉCESSAIRES A UN BIBLIOPHILE
Par EDOUARD ROUVEYRE.

PREMIÈRE PARTIE.

Établissement d'une bibliothèque.— Conservation et entretien des livres.—De leur format et de leur reliure. Moyens de les préserver des insectes.— Des souscriptions et de la date.—De la collation des livres.— Des signes distinctifs des anciennes éditions. — Des abréviations usitées dans les Catalogues pour indiquer les conditions.— De la connaissance et de l'amour des livres. — De leurs divers degrés de rareté.— Moyens de détacher, de laver et d'encoller les livres.— Procédés divers pour l'arrangement et la restauration des estampes et des livres. — Du dédoublage et du raccommodage des estampes. — Réparation de la dorure des anciennes reliures et de celle des manuscrits. — Réparations des piqûres de vers, des déchirures et des cassures dans le parchemin et dans le papier. — Procédé pour renouveler une estampe et la transporter d'une feuille sur une autre. — Moyen de rendre la fraîcheur aux estampes, suivant le Père Orlandi. — *Troisième édition*, revue, corrigée et augmentée. — Un magnifique volume in-8 couronne de 200 pages, imprimé sur papier vergé, nombreux fleurons typographiques, lettres ornées et culs-de-lampe imprimés en couleur, titre rouge et noir.   **5 fr.**

Justification des tirages de luxe.

4 exemplaires imprimés sur parchemin, numérotés
   de 1 à 4. **80 fr.**

6 exemplaires imprimés sur papier du Japon, numérotés
de 5 à 10. . . . . 40 fr.
10 exemplaires imprimés sur papier de Chine, numérotés
de 11 à 20. . . . . 25 fr.
30 exemplaires imprimés sur papier Whatman, numérotés
de 21 à 50. . . . . 12 fr.

Tirage imprimé en couleur.

Fleurons, lettres ornées et culs-de-lampe en rouge minéral. Texte en bleu flore. 50 exemplaires imprimés sur papier Whatman, numérotés de 51 à 100 . . . . 25 fr.

Ouvrage accompagné de 4 planches (19 impositions de divers formats), de cinq spécimens de papier (Japon, Chine, Whatman, Vergé, Vergé teinté, de 3 planches de reliure (dont une double, donnant la reproduction d'une magnifique reliure rongée par les dermestes).

ANALYSE DES CHAPITRES

I. — *Etablissement d'une bibliothèque d'amateur, conservation et entretien des livres.*

Signification du mot bibliothèque. Son emploi. Bibliothèque de l'amateur. Son exposition et son emplacement. Opinion de Nodier, Caillot et Peignot. Local choisi, sans humidité ni poussière. Préservation de la bibliothèque. Soins à lui donner. Conservation des livres et des reliures. Conservation intérieure d'un livre. Moyens de prétendus bibliophiles dépourvus de tout bon sens pour s'assurer la possession d'un livre. Manière de tenir un livre. Richard de Bury et son *Philobiblion, Tractatus pulcherimus de amore librorum*. Jules Janin et l'*Amour des livres*. Bois à employer pour la construction d'une bibliothèque. Tablette de bibliothèque. Désordre évité dans le placement des livres. Variation des formats, mélange de vieux livres et de livres nouveaux. Élément d'une bibliothèque. Détail d'un meuble destiné à recevoir des livres précieux. Naudé et son *Advis pour dresser une bibliothèque*. Situation et place où l'on doit bâtir ou choisir un lieu propre pour une bibliothèque. Ornement et décoration que l'on doit y apporter. Le livre devenu bijou. Qu'est-ce qu'un amateur ? Place d'honneur du livre. Choix à faire dans la masse des livres.

II. — *Format des livres.*

Ignorance des formats, sources d'erreurs bibliographiques graves. Format. D'où tire son nom. Imprimeur emploie papier plus grand ou plus petit ou imprime par demi-feuille. Petits formats offrent des doutes. Moyens de les connaître. Pontuseaux, vergeures, marques d'eau, réclame, signature. *Quid ?* Pliage de la feuille dans chaque format. Combien de pages. Table des dénominations des formats. Ordre des signatures ou premiers chiffres pour tous formats, par feuille et par demi-feuille. Connaissance certaine des formats à la simple inspection du livre. Format et noms des divers papiers qui sont le plus ordinairement employés. Tableaux (19) des impositions les plus usitées. Feuille produit toujours le double des formats cités.

III. — *Reliure des livres.*

Reliure vélin de Hollande. Reliure à la grecque. Reliure dos brisé. Demi-reliure. Cartonnage Bradel. Robe de Chambre du livre. Demi-reliure toile. Livre relié selon son esprit. Choix d'un relieur, chose importante. Magnifique reliure, recommandation d'un livre médiocre. Reliure d'amateur. Sa description. Amateurs et relieurs du xviiie siècle. Dorure des livres. Conditions d'une bonne reliure. Temps nécessaire au relieur. Livres nouveaux achetés brochés, pourquoi ? Recommandation à faire au relieur. Régularité de la pliure. Livre trop battu. Couture, point capital de la reliure. Précaution prise par quelques amateurs Intégrité des marges, précieuse. Notes marginales, à conserver. Couverture des livres. Choix des couleurs. Titre inscrit sur le dos du volume, rédigé d'avance. Reliure *parlante*. Remarques à propos des signets. Est-il mieux de faire relier, en reliure pleine ou en demi-reliure, un livre que l'on veut conserver non rogné. Conseil d'un bibliophile italien. Notre avis. Opinion sur la reliure et sur la demi-reliure. Choix des peaux (basane, maroquin, chagrin). Livres imprimés sur vélin. Soins qu'ils exigent. Des marques et devises mises à leurs livres par un grand nombre d'amateurs. Emploi de l'ex-libris. Principal mérite de la devise. Vignettes de bibliophiles. Reliure des livres anciens à conserver, pourquoi ? Titres de noblesse du livre. Distinction des reliures de Mesdames de France, Filles de Louis XV. Physionomie des livres anciens. En quoi elle consiste. Reliure considérée comme objet d'art. Ouvrage ancien relié à nouveau. De la reliure des xvii⁰ et xviii⁰ siècles et de celle de notre époque. Heureux résultat du *Manuel du libraire et de l'amateur de livres* de J.-Ch. Brunet. Ardent amour de Jer. de Bosch pour les beaux livres. Des fausses marges dans les livres tirés sur papiers de choix. Monstrueuses inégalités. Faut-il les faire tomber à la reliure. Opinion du bibliophile Jacob et de La Fizelière. Spécimens des différents papiers employés dans l'impression de nos éditions de bibliophiles (Japon, Chine, Whatman, Vergé, Vergé teinté).

IV. — *Moyen de préserver les livres des insectes.*

Ennemis de la bibliothèque. Insectes. Humidité. Rats........... et emprunteurs. Opinion de Jules Janin sur ces derniers. Pline, son moyen pour éloigner les souris. Insectes, fléau des bibliothèques. Lesquels? Observations et opinions de Ch. Mentzelius, Prediger, d'Alembert, Fabbroni, Boulard, Peignot, Lesné, Nodier, etc. Magnifique bibliothèque ravagée par les dermestes. Exemple. Quels moyens employés pour les détruire. Nodier, son curieux et intéressant préservatif contre les insectes. Reliures, berceaux des vers. Lesquelles? Reliures éloignant les vers. Lesquelles? Expérience de quatre siècles. Goût fatal des mites pour les livres. La cause. Moyen d'y remédier. Odeurs mortelles pour les insectes. Lesquelles? Duchêne aîné, son moyen proposé à la Bibliothèque du roi. Conservation de livres dans des meubles très altérés. Insectes, fléau du Levant. Manuscrits tombant en poussière. Conseil aux bibliophiles.

V. — *Des souscriptions et de la date.*

Souscription. *Quid?* Souscriptions en vers et en prose. Souscriptions manuscrites. Fraudes et erreurs. Date écrite de plusieurs manières. Chiffres romains ou arabes. Connaissance des chiffres romains. Tableau des chiffres romains. Combinaisons employées par les imprimeurs pour diminuer la valeur de ces chiffres numériques. Ouvrages imprimés en Hollande, la manière dont leur date est écrite. Dates difficiles à deviner. Exemple. Dates écrites en toutes lettres. Dates différentes sur le titre et à la fin d'un ouvrage, source d'erreurs. Ouvrage ne portant ni date, ni désignation de ville, ni nom d'imprimeur. Fausseté de dates. Erreurs ou fraudes.

VI. — *Collation des livres.*

Avis aux amateurs. Ouvrage complet. Quand ? Collation avant la reliure comme après. Chose nécessaire. Pourquoi ? Livres du XVe siècle, difficiles à collationner. Comment ? Collationnement des livres des XVIe, XVIIe, XVIIIe, XIXe siècles. Chiffres de pagination, réclames, registres. *Quid ?* Manière expéditive de collationner. Ouvrages à figures. Nombre et qualité. En quoi consiste. Figures tirées en couleur. Attention à y apporter. Ouvrages composés de plusieurs pièces. Livres à carton. Ouvrages terminés. Suite publiée après. Exemple.

VII. — *Des signes distinctifs des anciennes éditions.*

Absence des titres sur une feuille séparée. Lettres capitales. Virgules et points-virgules. Figuration de la virgule dans les anciennes éditions. Inégalité et grossièreté des types. Manque de chiffres de pagination, signatures et réclames. Solidité et épaisseur du papier. Abréviations.

VIII. — *Abréviations usitées dans les catalogues pour indiquer les conditions.*

Utilité de ce chapitre. Langue particulière de la bibliographie. Abréviations. A quoi servent ? Moyen de les connaître. Table des abréviations bibliographiques. Quelques exemples.

IX. — *De la connaissance et de l'amour des livres. De leurs divers degrés de rareté.*

Difficulté de trouver des livres. Deux sortes de livres rares. Rareté absolue et rareté relative. *Des livres dont la rareté est absolue* (ouvrages tirés à petit nombre, ou supprimés, ou détruits, ou non achevés, ou imprimés sur un papier spécial). *Des livres dont la rareté est relative* (grands ouvrages, pièces volantes, histoires partidulières des villes, histoires des académies et sociétés littéraires, vies des savants, catalogues des bibliothèques publiques et particulières, livres de pure critique... d'antiquités... arts curieux... livres écrits en langues peu connues... les *livres condamnés,* arts superstitieux, livres paradoxes ou hétérodoxes, livres obscènes, livres séditieux). *Des éditions dont la rareté est relative* (éditions faites sur des manuscrits anciens, les premières éditions de chaque ville, éditions faites chez les célèbres imprimeurs des XVIe, XVIIe, XVIIIe, siècles, éditions imprimées avec lettres et caractères extraordinaires, éditions qui n'ont jamais été mises en vente, éditions débitées sous différents titres).

X. — *Moyens à employer pour détacher, laver et encoller les livres, procédés divers pour l'arrangement et la restauration des estampes et des livres, papier et parchemin. Réparations de la dorure des anciennes reliures et de celle des manuscrits.*

Procédés divers pour l'arrangement et la restauration des estampes et des livres. Précaution à prendre et procédés à employer pour dérelier un volume que l'on veut laver ou nettoyer. Manière de retirer d'un volume relié un seul feuillet qui doit être lavé. *Taches grasses.* Taches de suif, de stéarine, de graisse, taches produites par l'attouchement des doigts, l'huile, l'encre d'impression. *Taches maigres.* Taches de rouille, de boue, de cire à cacheter, d'encre usuelle, d'humidité, de poussière. Manière de nettoyer les estampes jaunes et rousses. Lavage et encollage des livres. Encollage à chaud et à froid, sa préparation et son emploi. Du dédoublage et du raccommodage des estampes. Réparation de la dorure des anciennes reliures et de celle des manuscrits. Réparation des piqûres de vers, des déchirures et des cassures dans le parchemin et dans le papier. Procédé pour renouveler une estampe et la transporter d'une feuille sur une autre. Moyen de rendre la fraîcheur aux estampes, suivant le Père Orlandi. Du dédoublage des estampes. Manière de s'y prendre. Soins à employer. Application des estampes sur du carton ou sur la toile. Colle également répandue. Raccommodage des estampes. Dessin repris avec la plume. Estampe déchirée, merveilleusement raccommodée, Réparation de la dorure des anciennes reliures et de celle des manuscrits. Imitation des anciennes dorures. Préparation du mordant et sa fluidité. Son emploi. Application de l'or. Dorures flexibles sur le papier et sur le parchemin. Réparation des piqûres de vers, des déchirures et des cassures dans le parchemin et dans le papier. Piqûres de vers disparues. Deux procédés employés. Lesquels? Déchirures réparées. Quelle colle à employer? Cassure (enlèvement du morceau de papier) réparée avec attention et adresse; impossibilité de reconnaître la place. Procédé simple et pratique. Quel papier et quelle colle à employer pour cette réparation.

CONNAISSANCES NÉCESSAIRES A UN AMATEUR D'OBJETS D'ART ET DE CURIOSITÉ

Par Ancel Oppenheim, expert. Ouvrage contenant par ordre alphabétique le nom des objets, la date des époques de fabrication, les prix commerciaux, etc. Beau volume in-8° écu, imprimé sur papier vergé de Hollande, titre rouge et noir, couverture parchemin replié, 5 fr.

Il a été fait un tirage de luxe à 100 exemplaires, tous numérotés.

3 exemp. imp. sur parchemin			Nos	1 à	3	80 f.
12	—	—	papier du Japon	4 à	15	40 »
15	—	—	papier de Chine	16 à	30	25 »
20	—	—	papier teinté de Renage	31 à	50	20 »
50	—	—	papier Whatman	51 à	100	15 «

L'amateur désireux de former une collection, l'officier minis-nistériel chargé d'inventorier un ensemble d'objets d'art ou de curiosité, se trouvent souvent embarrassés pour leur donner une désignation propre, une appréciation raisonnée, et pour contrôler la valeur réelle ou fictive qu'ils peuvent avoir. Leur embarras résulte de plusieurs causes. L'objet est-il ancien ou moderne? A-t-il acquis un chiffre élevé soit par suite d'une tradition de famille, soit par suite de l'estimation incomplète d'un expert inhabile? Est-ce un objet authentique ou fabriqué? Est-il parvenu jusqu'à nous dans la pureté de son originalité, ou n'est-ce que le travail d'un truqueur émérite? Autant de doutes à élucider, autant de questions à résoudre. C'est à ce grand nombre de points que le présent ouvrage prétend répondre. Il donnera les moyens d'éventer les fraudes, chaque jour plus audacieuses, et permettra à l'artiste où à l'homme de goût de se former un jugement. Ce n'est point un livre de science, c'est plutôt un livre d'expérience que l'auteur a tenté d'écrire, un résumé des choses qu'il a été à même de voir depuis bien longtemps; en un mot, il l'a écrit comme il l'eût parlé dans quelque salle de l'hôtel Drouot. On a publié déjà sur cette matière beaucoup de recueils très bien faits, mais s'attachant surtout à mettre en relief les objets les plus purs et les plus riches, à expliquer le travail qui les distingue, à propager d'excellents raisonnements qui ne peuvent servir qu'à des gens qui *savent beaucoup*. Or nous nous adressons aussi bien à ces derniers qu'aux inexpérimentés, surtout même à ceux-ci.

LA COMÉDIE ET LA GALANTERIE AU XVIIIe SIÈCLE.

Par Adolphe Jullien. Un magnifique volume in-8º écu, nombreux fleurons, lettres ornées et culs-de-lampe gravés sur des documents de l'époque, titre rouge et noir, couverture repliée.

Frontispice à l'eau forte *en trois couleurs*, gravé par M. L. Rouveyre, en-tête et culs-de-lampe par de Malval, imprimés dans le texte selon les véritables règles de l'art typographique.

L'impression de ces trois eaux-fortes a été confiée à A. Salmon.

500 exemp. sur papier vergé de Hollande à la forme...	10 fr.		
50	—	— Whatman Turkey-Mill.........	20 »
20	—	— teinté de Renage.............	20 »
15	—	— de Chine véritable...........	25 »
12	—	— du Japon..................	40 »
3	—	sur peau de vélin...............	80 »

Avis concernant les exemplaires de luxe. L'éditeur n'a pas reculé devant les frais d'une imposition nouvelle, *spéciale* aux exemplaires imprimés sur papier de choix, voulant que ces exemplaires soient de véritables grands papiers, c'est-à-dire que la marge du fond soit en rapport avec les marges extérieures. En outre, ces exemplaires de luxe ont trois états de chaque eau-forte, avant la lettre.

AVANT-PROPOS. = L'ÉGLISE ET L'OPÉRA EN 1735. — MADEMOISELLE LEMAURE ET L'ÉVÊQUE DE SAINT-PAPOUL.

I. — La société et le clergé au XVIIIe siècle. — Naissance et début de Mlle Lemaure. — Allées et venues constantes. — Ses premières créations. — Son genre de talent. — Sa rivalité avec Mlle Pélissier. — Singulière tenue du public. — Position prise par Mlle Aïssé. — Un mari unique. — Un vers de Voltaire. — Reprise de Jephé. — Coups de tête et coups de théâtre imprévus. — Dix minutes d'emprisonnement. — *La constitution de l'Opéra.* — Retrait volontaire. — Une de perdue, une de retrouvée. II. — Scandale plus sérieux dans l'Église. — Le mandement d'un évêque et le récit de Barbier. — Première parodie. — *Manifeste de Mlle Lemaure au public.* — Mlle de Seine. — Les gentilshommes de la Chambre et Messieurs de l'Académie, — Un mari jugé par sa femme. — Le jansénisme au barreau. — Remue-ménage d'avocats. — Adresse de Racine à l'évêque de Saint-Papoul. — Arrêt du parlement, intervention royale. — Deuxième parodie.

— *Arrêt de Momus*. — Un évêque honnête et brouillon. — Troisième parodie. — *Lettre de Mlle Lemaure à l'évêque de Laon*. — III. Exil volontaire de cinq ans. — Un conseiller persuasif. — L'aumônier et le coadjuteur de l'Opéra. — Agréable passe-temps. — Rentrée de Mlle Lemaure. — Une brochure indiscrète. Lutte d'influence entre abbés. — Argument décisif et précautions inutiles. — Une épigramme salée et deux pièces curieuses. — Déclaration versifiée des spectateurs en feu. — Train-train ordinaire à l'Opéra. — Une étrenne d'un nouveau genre. — Voltaire et le prince de Ligne au sujet de Mlle Lemaure. — Sa retraite définitive. — Noces du Dauphin. — Un mot historique. — Les concerts du Colysée. — Grandeur et décadence d'une chanteuse. — Un mariage sur le tard, une femme tenace, un mari soupçonné. — Nouvel et dernier échec du clergé.

LES SPECTATEURS SUR LE THÉATRE.

I. — Singulier coup d'œil en scène au commencement du siècle dernier. — La salle et la scène du théâtre Français à cette époque. — Voltaire après Crébillon. — Suppression des bans pour un soir en 1675. — Aventures et mésaventures, quolibets du public d'en bas. — Un Siamois et son guide à l'Opéra. — Attaques de Molière et combien il souffrit de cet usage. — Une collision de pages au théâtre. — Ordonnances et défenses royales. II. — La scène d'un théâtre en Italie et en Angleterre à la même époque. — Un spectateur familier et mistriss Bellamy. — Illustration de Zig-Zac et le frontispice des Œuvres de Molière. — Réclamations de Voltaire et ses exigences pour *Sémiramis*. — Echec de cette tragédie et grande colère de l'auteur. — Ses retouches à Sophocle. — Question d'art et question d'argent. — Vaines protestations de Voltaire. — Offre du comte de Lauraguais. — Un rapport de Lekain. — Acceptation de comédiens et discours de Brizard. — Démolitions et réparations intérieures. — Un devis dépassé. — Réouverture et deuxième discours de Brizard. — Opinion du *Mercure* et de Collé. — Une double page du registre de la Comédie-Française. III. — Grande joie de Voltaire, lettres et préfaces. — Diderot et madame Riccoboni, Diderot et le public enfiévré. — La prose de Saint-Foix et les vers de Dorat. — Voltaire au comte de Lauraguais. — Troubles persistants à la Comédie-Française et à l'Opéra. — Les réformes sur les scènes étrangères. — Un souvenir de Goëthe enfant.

LE Théatre des demoiselles Verrières. — LA COMÉDIE DE SOCIÉTÉ DANS LE MONDE GALANT DU XVIIIᵉ SIÈCLE.

I. — Les sœurs Verrières. — Marie, arrière-grand'mère de George Sand et Géneviève, dite la belle et la bête. — Naissance d'Aurore de Saxe. — Une non-valeur artistique. — Ordre de bataille et troupes galantes. — Une élève docile, un maître éloquent. — Douces leçons et sages résolutions. — Un gardien qui garde trop bien. — A la ville et à la campagne, répertoire habituel. — Les amants auteurs, les maîtresses actrices. — La Harpe après Colardeau. — Une pièce à allusions, la *Comédie amoureuse*. — Les deux *Surprises de l'Amour*. Exécution dans le monde. — Un critique apprivoisé. — Jeux de l'amour et du hazard. — Un mari sans rancune et un amant sans fiel. II. —
II. — Une demoiselle de décision. — Naissances illégitimes avérées. — Un grand-père exceptionnel et un mari dangereux. — Une jeune fille veuve, son succès dans le monde, l'hommage d'un académicien. — Inquiétudes maternelles de Mˡˡᵉ Verrières, lettres et conseils à son fils, le chevalier de Beaumont. — Sorte de spectacles. — La Harpe acteur, Saurin et Billard-du-Monceau. — Rupture et retraite de Colardeau. — Vengeances d'un poète, une comédie, une satire, un démenti. — Mort de Collardeau, son successeur à l'Académie. — Bruit colporté dans le public. — Mort de Mˡˡᵉ Verrières aînée. — Un fils tendre et désolé, un amant correctement ému, une fille résignée aux lois du monde. III. — Les atteintes de l'âge avant la mort. — Deux enfants peu fortunés. — Un ami dévoué : Dupin de Francueil. — Les trois filles de Samuel Bernard, un mari volage. — La famille Dupin ; un voyage amenant un mariage. — Touchante défiance de fille à mère. — Deux frères consanguins, Dupin de Francueil et Dupin de Chenonceaux. — Trois mésalliances. — Un fermier général étrillé. — Un mariage de prudence et de raison. — Maurice Dupin et sa fille George Sand. — Grands parents dépeints et jugés par leur petite-fille. — Enjambée d'un siècle à l'autre. — Auteuil et Nohant. — Marionnettes vivantes et marionnettes de bois.

A LA BASTILLE.

Trois prisons bien distinctes. — Une lettre d'entrée, une lettre de sortie. — Louis XIV et ses secrétaires d'État. — Un ordre d'incarcération en bonne forme. — Constantin de Renneville en prison. — Les gouverneurs successifs de la Bastille. — M. de

Bessemaux, le marquis de Saint-Mars, Bernaville. — Un geôlier barbare, un prisonnier spirituel. — Un portrait à l'emporte-pièce. — Rimes laudatives ou vengeresses. — Une supplique en quatrain. — Un prisonnier oublié du ministre et gardé.

LES TAPISSERIES FRANÇAISES,

Par le baron de Boyer de Sainte-Suzanne. Un beau volume petit in-4 (346 pages), imprimé avec luxe sur papier vergé de Hollande. 10 fr.

Tiré à 200 exemplaires tous numérotés. Introduction. — Amiens. — Arras. — Aubusson, Filletin et Bellegarde. — Autun. — Beauvais. — Béthune. — Blois. — Bourges. — Cambrai. — Fontainebleau. — Gisors. — Lille. — Limoges. — Marseille. — Montpellier. — Paris (les ateliers particuliers, la Trinité, La Maison des Jésuites, Les Galeries du Louvre, La Savonnerie, La Tournelle, La Planche, La Manufacture royale des Gobelins). — Nancy. — Reims. — Rouen. — Tourcoing. — Troyes. — Valenciennes. — Principales tapisseries historiques exposées dans les monuments publics en France. — Les tapisseries parlantes.

LES TAPISSERIES D'ARRAS

Étude artistique et historique, par M. le chanoine E. Van Drival. In-8 (196 pages). 6 fr.

Les tapisseries chez les anciens peuples. — Les riches étoffes et la pourpre d'Arras. — Du commencement des tapissiers d'Arras. — Du commencement des tapissiers d'Arras du XIIe au XVIIe siècle. — Siége de 1640 et décadence des tapisseries d'Arras.

LE LUXE DES LIVRES

Par L. Derome. un magnifique volume in-12, imprimé sur papier vergé de Hollande, ornements typographiques, culs-de-lampe et lettres, en vert. 5 fr.

Il a été tiré 100 exemplaires, imprimés sur papier de luxe et numerotés de 1 à 100.

4 exemplaires imprimés sur parchemin.			80 fr.
6 —	—	sur papier du Japon	40 fr.
10 —	—	— de Chine.	25 fr.
30 —	—	— Wathman.	12 fr.

TIRAGE IMPRIMÉ EN DEUX COULEURS.

(Texte en vert.)

50 exemplaires imprimés sur papier Wathman. **25 fr.**

Avant-propos. — Amateurs concurrents des savants. — Argent argument décisif. — Mode venue de posséder des livres rares. — Valeur de fantaisie des livres. — Livres d'usage. — Plus-value extraordinaire des livres rares. — Bibliothèques publiques depuis le commencement du xviie siècle. — Goût des liures. — Place des gens de lettres au sein de la société. — Leur émancipation. — Le livre, produits spéciaux de l'industrie des gens de lettres. — Règne des livres. — Age du papier. — Le luxe des livres. — Place d'honneur des livres. — Tradition orale.

Le mal qu'on a dit des livres. — Abus des Livres. — Objet d'ameublement. — Mépris des livres. — Instruments professionnels. — Trésors intellectuels de l'ancien monde. — Bibliothèque, ornement obligé d'une maison respectable. — Amour des livres, même chez un imbécile. — Hommage rendu aux lettres. — Opinion chétive sur plusieurs d'entre les bibliothèques modernes. — Livres détruits faute de reliure. — Passion des livres venus d'Orient. — Bibliothèques antiques découvertes à Herculanum. — Bibliothèques des Thermes. — Production des manuscrits. — Utilité d'un livre. — Lucien et les bouquinistes. — Amour des livres condamnés par les satiriques des diverses écoles. — Prix et conservation des livres au moyen âge. — Sarire. — La Bruyère. — Le xviiie siècle et les amateurs des livres, etc.

Du prix et de la condition des livres. — Le livre objet d'art. — Vente de manuscrits du duc de Berry. — Miniatures. — Missels, livres d'heures, bibles et pseautiers du xiie au xive siècle. — Tradition de luxe. — Reliques de l'art typographique. — Quelques curieux de la Renaissance. — Les grands papiers. — La reliure, la gravure, la matière du livre, éléments du prix qu'on lui accorde. — Provenance, rareté, ancienneté des livres. — Chez les parvenus, bibliothèque fournie par le tapissier. — Origine des ventes publiques des livres. — Prix des livres tombés à un prix dérisoire. — Prédécesseurs de nos bibliophiles. — Les bouquinistes en 1721. — Opinion sur les bibliothèques et les livres au milieu du xviiie siècle. Conseils de Lamothe-Le-Vouyer pour former une bibliothèque à peu de frais. — De la bibliomanie. — Le catalogue du comte d'Hoym (1738). — Les ventes Rothelin (1746). — La Vallière (1784). — Prix des livres à Paris. —

Les libraires de la rive gauche et ceux de la rive droite. — Baisse et hausse des livres faites par de faux amateurs. — Individus étrangers aux lettres comme un moujick russe. — Manière de chauffer les amateurs véritables six mois d'avance. — Procédé. — Faire le prix d'un livre, etc.

Pourquoi le prix des livres anciens est élevé — Agiotage. — Concurrence. — Livres de choix et livres rares. — Livres, instrument de travail. — Contenant et contenu. — Bibliophile, terme de dénigrement, fait sourire certaines gens. — Méchante humeur des lettrés. — Amour des livres de luxe. — Essor inouï du luxe des livres. — Relieur artiste. — Réputations et ateliers des maîtres relieurs. — Ecoles de Bozerian, Simier, Thouvenin, etc. — L'art *bibliopégistique.* — Les grands maîtres de la reliure française. — Petits chefs d'œuvre. — Les reliures des XVIIe et XVIIIe siècles. — Simplicité de leurs reliures. — Valeur moyenne des livres anciens. — Accroissement incroyable de cette valeur. — Aristocratie des bibliophiles. — Variations du goût. — Catégorie inconnue de livres rares. — Va-et-vient de la mode. — Avantage des éditions originales. — Question d'histoire littéraire. — Ecrit de l'immense disproportion entre le prix des livres il y a cent ans et celui de nos jours. - Trente-deux pièces originales de Corneille payées 160 francs et estimées 32,000 fr., &

S'il est vrai qu'il n'y aura bientôt plus de livres rares à recueillir. — Tempérament des bibliophiles. — Goût des objets d'art ancien. — Manufactures d'objets d'art ancien. — Instabilité des fortunes. — Livres remis en vente tous les vingt-cinq ans. — Nombre de livres rares à peu près fixe et invariable désormais. — Termination de l'amour des livres. — Quelques livres. — Parfumerie littéraire. — Bibliophile digne d'intérêt. — Mode de livre petit format, in-folio démodé. — Calculs de l'élégance vraie et curieuse. — Qu'est-ce qu'un livre rare? — Livre épuisé livre devenu rare. Déclassement des livres rares. — Curée des livres du XVIIIe siècle. — Pamphlets de ruelles remis à la mode par les frères de Goncourt et Léon de Labessade. — Amateurs de livres modernes. — Œuvres des romantiques. — Luxe du livre passé dans les mœurs. — Le livre art par excellence, marque de distinction.

LES RUELLES DU XVIIIᵉ SIÈCLE

Par Léon de Labessade, lettre-préface par Alexandre Dumas fils, de l'Académie française, eaux-fortes par Mongin. Deux beaux volumes. in-8 couronne, d'ensemble XXII et 566 pages, imprimés avec luxe, titres rouge et noir, couvertures, fleurons et culs-de-lampe gravés d'après les documents de l'époque, fac-simile de la signature de l'auteur et de celle de Alexandre Dumas fils.—Tirage à 600 exemplaires numérotés.

Les prix sont pour l'ouvrage complet.

500 exemp.	sur papier vergé de Hollande à la forme.	20 fr.	
50	— — Whatman Turkey-Mill.	40	»
20	— — de couleurs.	40	»
15	— — de Chine véritable.	50	»
12	— — du Japon.	75	»
3	— sur peau de vélin.	150	»

Avis concernant les exemplaires de luxe. — Nous n'avons pas reculé devant les frais d'une imposition nouvelle, spéciale aux exemplaires imprimés sur papier de choix, voulant que ces exemplaires soient de véritables grands papiers, c'est-à-dire que la marge du fond soit en rapport avec les marges extérieures. En outre, ces exemplaires de luxe ont trois états de chaque eau-forte, avant la lettre, en noir, en sanguine et en bistre.

Lettre-préface, par Alexandre Dumas fils. — Réponse à M. Alexandre Dumas fils. — Lettre pastorale à Madame la marquise de Pompadour, par l'abbé de Bernis, comte de Lyon, ambassadeur de France près la République de Venise. · Sur l'aventure de M. de la Popelinière. — Requête burlesque des ducs et duchesses au Régent de France, Philippe d'Orléans (1716). Mémoire contre les ducs et pairs au duc d'Orléans (minorité de Louis XV). — La police des mœurs au XVIIIᵉ siècle. — Ironies et chansons, bluettes et brocards, bons mots, lardons et grivoiseries. — Les Intendants et les financiers de l'ancien régime. — Liste des gens taxés sous Philippe d'Orléans (Régence), du 7 novembre 1716 au 2 janvier 1717. — La marquise de Pompadour, son rôle et ses ennemis. — Portraits, chansons et couplets. — La ruelle et ses courtisanes. — Traité du 28 août 1765.—Le commerce des grains. — Les femmes de moyenne vertu et leurs entours.—Condition sociale. Anciennes notes adressées sur elles aux lieutenants-généraux. — L'Académie, l'exil et la faveur, ou les trois quatrains.— Saint-Aulaire à Sceaux. Maurepas à la cour. Le petit abbé avant le ministère et le cardinalat (de Bernis). — Acteurs actrices, et théâtre. — Le maréchal de Richelieu, anecdote sur ce doyen de la galanterie. — Voltaire et les jésuites. Voltaire et la censure à propos de son Mahomet. Intervention de Maurepas et du cardinal de Fleury. — Lettres de Rousseau à Diderot et leur brouille finale. — Une lettre de Rousseau à M. de Sartines. — Madame Doublet. Les nouvelles à la main. — Les gazettes de Hollande. — Le marquis d'Argenson, le duc de Choiseul, d'Hemery, de Vergennes. maréchal de Castries, etc. - Le duc de Choiseul et Jeanne Bequs, comtesse Du Barry (1768-1774). — La vérité sur le Parc-aux-Cerfs (1715-1771). — La femme au XVIIIe siècle et la femme d'aujourd'hui. — Le Cant et le Slang, langue des salons et langue des rues.— Le style des pamphlets, feuilles volantes et sottisiers, manuscrits de ruelles et conclusions.

CATALOGUE DES OUVRAGES, ÉCRITS ET DESSINS DE TOUTE NATURE, POURSUIVIS, SUPPRIMÉS OU CONDAMNÉS

Depuis le 21 octobre 1814 jusqu'au 31 juillet 1877, édition entièrement nouvelle, considérablement augmentée, suivie de la table des noms d'auteurs et d'éditeurs et accompagnée de notes bibliographiques et analytiques, par Fernand Drujon, un fort et beau volume in-8, de 450 pages, imprimé sur papier vélin, titre rouge et noir, fleurons, lettres ornées, etc.   10 »
Il a été tiré 50 exemplaires sur fort papier vélin, numérotés de 1 à 50.   25 »

L'ouvrage que nous annonçons ici n'a guère que le titre de commun avec les cinq catalogues du même genre, publiés en France depuis la promulgation de notre première grande loi sur la presse. Ces catalogues, en effet, n'ont été jusqu'à présent qu'une liste plus ou moins complète des écrits condamnés, mais sans la moindre indication bibliographique qui pût mettre le lecteur à même de se rendre compte exactement de la nature du livre visé par la justice. On n'y trouve non plus ni les noms d'auteurs, ni les dispositifs des arrêts et jugements ; quelquefois même, comme cela se présente pour bien des articles, particulièrement pour le catalogue publié en 1874, la date des décisions judiciaires n'est point indiquée. En outre, ces catalogues étant divisés en plusieurs parties, il faut faire deux, trois ou quatre recherches pour le même ouvrage, notamment dans le catalogue de 1850, qui, cependant, est un travail précieux et le mieux fait jusqu'à présent sur la matière. Enfin, ils ne contiennent pas un seul renseignemeut sur les anonymes et les pseudonymes.

C'est à tous ces inconvénients que nous nous sommes efforcés de remédier, en comblant les nombreuses lacunes qui existent dans les précédents travaux, en donnant la description bibliographique aussi exacte que possible des écrits incriminés, enfin en adoptant un classement alphabétique rigoureux, avec tous les renvois nécessaires pour les sous-titres, complété par une liste de tous les noms cités dans notre catalogue.

Si, dans quelques cas fort rares, nous n'avons pu satisfaire entièrement aux exigences du programme que nous nous sommes tracé, ce n'est point faute de recherches laborieuses, mais bien par suite de la destruction de nos archives judiciaires, qui a rendu toute vérification impossible.

En somme, nous espérons que ce nouveau catalogue pourra rendre quelques services en leur épargnant bien des recherches pénibles, soit aux magistrats qui y trouveront, résumés avec la date des arrêts et jugements, les motifs et la teneur des condamnations prononcées, soit aux libraires et aux bibliophiles, qui pourront s'y procurer rapidement les renseignements dont ils auront besoin sur ce chapitre curieux de la Bibliographie française.

AVIS IMPORTANT

Nous croyons devoir, dès à présent, informer MM. les Libraires et MM. les Amateurs, qu'en raison des frais considérables qu'exige la composition typographique d'un ouvrage de cette nature, *il n'en sera pas fait, d'ici à dix ans, de nouvelle édition*.

Toutefois, afin de répondre aux besoins du public, et afin de ne pas arriérer notre ouvrage, nous aurons soin de faire paraître tous les trois ans (*à partir du 31 juillet 1877*), un supplément comprenant le relevé des nouvelles condamnations prononcées. — Le prix de ce supplément, fort minime d'ailleurs, sera fixé proportionnellement à l'importance des matières y contenues.

NOTES D'UN CURIEUX

Par le baron de Boyer de Sainte-Suzanne. Un magnifique volume in-8 (428 pages), papier vergé.   10 fr.

Tirage à 300 exemplaires numérotés. Lettre à un curieux de curiosités. — Les acteurs chez les Romains. — Les administrateurs sous l'ancien régime. — Les tapisseries tissées de haute et basse lisse. — Lettres inédites de Charles Nodier à Jean de Bry. — Dernière lettre du général A. de Beauharnais.

Le livre de M. le baron de Boyer de Sainte-Suzanne, *Notes d'un Curieux,* a sa place marquée dans la bibliothèque d'un chercheur, et ce caractère se généralise ; la curiosité sous toutes ses formes, reprend dans les esprits une place longtemps usurpée par les plaquettes et les romans en feuilletons, les incidents de la vie publique et les émotions du théâtre ; on revient au passé ; son étude, ardente et raisonnée, aussi analytique qu'amie sincère du groupement des faits, des idées, des relations et de nuances, se poursuit sur une vaste échelle ; de là des publications du premier ordre venant ajouter des richesses aux richesses acquises déjà, des lumières aux lumières projetées déjà par la science, par l'observation, par les découvertes, par les fouilles consciencieuses opérées dans les collections d'État, et dans les collections particulières ; — les *Notes d'un Curieux* brillent d'un vif éclat au milieu de ces trésors du passé, arrachés à la destruction par le génie contemporain de la recherche historique.

L'auteur parle une belle et forte langue : nos savants sont des écrivains, quelquefois des maîtres stylistes ; de cette façon, toutes les branches de la connaissance reçoivent un rayon, l'esprit scientifique s'enrichit, l'histoire s'anime, l'art grandit en s'épurant, le cœur vise plus haut, et la conscience plane en souveraine sur ces merveilles.

Un mot de Cousin, un mot qu'il faudrait graver en lettres de diamant sur fond d'or, sert d'épigraphe au livre : « Etudions avec « soin l'histoire de notre pays ; appliquons-nous à le bien con- « naître : plus nous le connaîtrons, plus nous l'aimerons, et « l'amour donne tout : il donne la foi et l'espérance ; il tourne en « joie les sacrifices ; il enseigne la constance et la modération ; il « engendre l'union ; il prépare la force. »

Un livre sorti de cette magnifique pensée ne pouvait manquer de réaliser ses promesses, aussi dès la *Lettre d'un curieux de curiosités* l'intérêt va grandissant ; — les *Acteurs et le théâtre chez les Romains,* étude excellente sur l'art dramatique des anciens, où les savants trouveront encore à s'instruire, où les hommes du métier feront une ample moisson de remarques utiles ; — *L'inventaire du cardinal Mazarin* (1661), remarquable document, même après la publication du duc d'Aumale, Londres, 1861, fait connaître plus à fond ce grand collectionneur, qui menait de front les choses de l'art et les affaires du royaume ; — *Les administrateurs sous l'ancien régime,* intéressants détails qui viennent s'ajouter

aux pièces historiques et contrôler les factums, les méchancetés, les brocards qui inondèrent les ruelles aux deux derniers siècles ;
— *Les tapisseries tissées de haute ou basse lisse,* notes et documents sur l'art, l'histoire et l'industrie de la tapisserie, vue d'ensemble de la peinture sur laine, et glorification de notre manufacture des Gobelins ; — enfin de curieuses *Lettres inédites de Charles Nodier à Jean de Bry,* où l'on retrouve le goût, le savoir, le style, le charme du bibliothécaire de l'arsenal et la *Dernière lettre d'Alexandre Beauharnais à sa femme ;* — voilà ce livre ; il attache du premier au dernier chapitre : on le quitte pour le reprendre ; il fait le plus grand honneur à la ferme intelligence qui l'a écrit et à l'habile imprimeur qui lui a donné ses soins.

LE DROIT DU SEIGNEUR ET LA ROSIÈRE DE SALENCY

Par Léon de Labessade. Un beau volume in-12 (XVI et 260 pages), titre rouge et noir, couverture illustrée, imprimée en deux couleurs sur papier reps anglais, vignettes et culs-de-lampe spéciaux, dessinés par Marius Perret et imprimés en rouge.

	Exemp. imp. sur papier vergé de Hollande à la forme	4 fr.
65	— — — Whatman Turkey-Mill 36 à 100	8 »
20	— — — de Chine (nos 16 à 35)	12 »
10	— — — du Japon (nos 6 à 15)	20 »
4	— — — parchemin (nos 2 à 5)	50 »
1	— — — papier bleu, no 1 (vendu).	

Sous ce titre, *Le Droit du Seigneur,* l'auteur a recherché dans l'histoire les traces de ce droit, — qui serait assurément aujourd'hui une haute nouveauté ; — les vestiges historiques ne manquent pas. Le passé, interrogé, a répondu par toutes ses voix : conteurs et poètes, feudistes et nobiliaires, coutumes et redevances féodales, manuscrits des franchises et des charges provinciales, récits et chansons, témoignages d'auteurs autorisés, noms propres de lieux et de personnes, circonstances et dates, — en un mot, tous les éléments propres à baser une certitude. Ce travail est un coup d'œil jeté sur le moyen âge, sans parti pris, sans intention blessante. La Rosière de Salency est le pendant *du Droit du Seigneur,* — c'est la vertu opposée à quelque chose qui n'est pas précisément cela ; c'est, d'ailleurs, une antithèse historique *voulue* par l'auteur ; elle est assez frappante pour que l'on s'y arrête. N'est-il pas permis de transporter dans la littérature les contrastes, 'es oppositions révélées par l'étude de l'homme à travers les siècles?

Droit du Seigneur. — Entre Manants. — De Seigneur à Manants. — Au bibliophile Job. — Sonnet au passé. — Un mot. — Quelques remarques sur la langue. — Préliber, Prélibation, Définition. — Littré, Voltaire et l'Académie. — Nécessité absolue d'expurger les textes. — Définition du droit de prélibation. — Ecclésiastiques jouissant de ce droit. — Punition de l'adultère dans le Dauphiné, dans le Lyonnais. — Origine curieuse de Montauban en Quercy; protection d'Alphonse, comte de Toulouse. — Droit de quelques seigneurs de l'Auvergne. — Sens critique de la femme. — III. Les différents noms donnés au droit de préliber. — Coutumes avec l'indication des localités. — En Allemagne, en Angleterre, en Flandre et dans les Pays-Bas, en Italie, en France. — Faits observés en Picardie, en Normandie, en Angleterre, en Ecosse, aux Pays-Bas, en Allemagne, en Italie, en France (Vienne en Dauphiné, Lyon, Mâcon), en Bourgogne, à Fère en Tardenois, à Nevers, en Auvergne, à Bourges, en Anjou, à Limoges, à Laguenne, près Tulle, a Buch en Guyenne, en Gascogne, à Fons en Quercy, à Toulouse, à Châteauroux, etc. — Droit curieux du seigneur Pacé, près Saumur. — Droit impertinent des anciens seigneurs de Montluçon en Bourbonnais. Exemple étonnant d'un seigneur du Vexin normand. — Droits des fillettes. — Droits du sire de Mareuil en Ponthieu, du seigneur de Larivière-Bourdet, du chantre de Mâcon, des évêques d'Amiens, des religieux augustins de Limoges. — Objet *acheté gratis* par le comte de Poix. — Les trente-six deniers de l'abbesse de Caen. — Etc. etc. — IV. Un mot que tout le monde comprend sans le secours des humanités. Les coutumes particulières. — Les redevances, les dates et les documents. — Droit du seigneur de Louvise et franchise du premier-né de ses vasseaux. — La Prélibation historiquement prouvée. — Lois du bailliage d'Amiens. — Coutume de Drucat. Article 14 du droit de l'abbé de Blangy en Ternois. — Beaux droits du seigneur de Barlin. — Article 24 de la coutume d'Auxi-le-Château. — Article 4 du coutumier de Mesnil-les-Hesdin. — Droit du seigneur établi sur preuves irréfragables. — Coutumier de Dercy. — Hommage rendu à la vénérable dame Rugna, femme du comte de Ponthieu. — Evêques d'Amiens tenaces sur le droit du seigneur. — Répit de Saint-Firmin. — Province de Picardie, une des plus maltraitées par la prélibation. — Monuments écrits. — Ligne de conduite des moines de Savigné. — Redevance en argent à Alençon. — Droitures de mariage du seigneur de Crèvecœur-en-Aulge. — Texte de la charte du 13 juillet 1606. — Coutume bretonne. — Hector Bœthius et le droit du seigneur en Ecosse. — Le *formariage* constaté en Belgique par le père Papebrock. Langage des Chartes. — Coutumier général de Bourgogne. — Droits des seigneurs auvergnats. — Cas incroyable d'un curé de Bourges. — Etc. — V. Situation de la femme sous la domination des seigneurs. — Montesquieu et le droit du seigneur. — Étroite domesticité de la femme au moyen âge. — Délicatesse, énergie, devoir de la femme serve. — Enfer moral et social. — Les dames et les vassales; étranges contrastes. — Etc. etc. — VI. Les contradictions et les obscurités du moyen âge. — Les vexations. — Cérémonies religieuses et profanes du XIe au XVIIIe siècle. Education des gentilshommes. - Les Chevaliers de la Vierge. — Folie féodale de l'amour. — Contradictions dans la vie sociale, dans les mœurs, dans la justice, dans l'intelligence et dans le cœur, dans la famille et dans la société. — Fautes et étonnantes obscurités du moyen âge. — Etc. — VII. Bibliographie du droit du seigneur. — Le droit du seigneur, curiosité historique, devait avoir sa bibliographie, elle est donnée aussi complète que possible.

La Rosière de Salency et ses équivalents contemporains. — Cérémonie vertueuse, antithèse. — Opinion du coutumier de 1770. — Récit de Mme de Genlis. — Eclaircissement sur la feste de la Rose à Salency. — Le livre de Sauvigny. — Le culte des rosières, etc.

La langue, comme au chapitre premier. — Absurde prétention de A. de Nerciat. — La phrase considérée comme une statuaire. — Les Rigoristes, les conteuses du XVIIIe siècle. — Réflexions à propos de quelques droits du Seigneur et de la rosière de Salency. — Delvau et ses appréciations sur les crudités littéraires. — La liberté de langage. — Etc.

LES AUTOGRAPHES EN FRANCE ET A L'ÉTRANGER.

Portraits. — Caractères. — Anecdotes. — Curiosités, par M. de Lescure. Paris, s. d., un beau vol. in-8 (de XII et 344 p.), broché. **8 fr.**

Dédicace à M. Feuillet de Conches. — Préface. — CHAPITRE PREMIER: *Revue rétrospective des Autographes.* — La mode des autographes. — Le journal l'*Autographe.* — De l'antiquité de la manie des autographes.—Autographes divins.—Autographes du Diable. — Autographes chinois. — Autographes de Jules César, de Cicéron, de Virgile, d'Auguste, de Néron. — Le premier collectionneur d'autographes.—La reine Atossa. — Bassula. — Le premier volume d'autographes. — La collection du consul Mucianus. — Les autographes de Pline l'Ancien. — 84,000 francs de notre monnaie. — La Collection de Montaigne. — Les armoires de la croix du Maine.—Les Albums. — Les Albums de famille. — Les Albaamicorum. — L'Album de famille de Montaigne, de Segrais, de Bossuet, de Carnot. — Les Albums célèbres depuis le XVIe siècle jusqu'à nos jours. — L'Album de Barclay. — De Daniel de Behr. — L'Album de Philippe Hainbœfer.—L'Album de Marie Campane. — L'Album des enfants de Henri IV. — L'Album de madame Des Loges.—L'Album de la Puce des dames de Roches. — L'Album de Sébastien Bourdon. — La Guirlande de Julie.—L'Album du baron de Burkana.——Chapitre deuxième : *Livre d'or de la Curiosité*. — Coup d'œil rétrospectif sur les cabinets célèbres. — Quelques figures de curieux illustres. — La Galerie des Ancêtres. — De l'Estoile au comte de La Bédoyère. — Les Maniaques de la Curiosité. — Dépravations du goût. — Collections bizarres et grotesques. — Les Curieux contemporains. — Les Sociétés des Amateurs d'autographes. — Pourquoi cette société est muette. — M. Betbeder. — M. Pilinski. — Caveant consules. — La Contrefaçon des autographes. — Chapitre troisième. : *La Chasse aux Autographes*. — Comment se forme-t-on une collection d'autographes ? — Quatre manière d'acquérir des autographes : 1º en chercher ; 2º les trouver ; 3º les acheter ; 4º les voler. — Supplément au Dictionnaire de l'Académie française. — L'Abeille et le Frelon. — Signalement de quelques insectes nuisibles ou parasites de la classe des amateurs d'autographes. — Où trouve-t-on les autographes. — Les notaires, greffiers, huissiers, épiciers, marchands de tabac, marchands de bric-à-brac, considérés au point de vue de la recherche des autographes. — Digression sur le culte et le commerce des reliques illustres dans l'antiquité et de nos jours. — La lampe d'Epictète. — Le Bâton de Pérégrinus. — La Canne de Voltaire. — L'Habit de Louis XVI. — Le Chapeau de Napoléon.—L'Eperon d'Henri IV. — Deux recueils d'autographes de Napoléon Ier. — Histoire révolutionnaire des autographes. — Les Gargousses faites avec l'histoire de France. — Les Brûlements patriotiques. — Ameilhon. — Grégoire. — Les premiers chasseurs d'autographes.—MM. Villenave, Montmerqué, le colonel

Maurin, M. Berthier, Alexandre Martin. — Anecdotes sur quelques trouvailles singulières. — Lucas de Montigny. — Tastu.
—— CHAPITRE QUATRIÈME : *Le Commerce des autographes.* — Les Marchands d'autographes. — Honnêtes négociants. — Courtiers de scandale. — MM. Charon, Charavay, Laverdet. — Le Bulletin Charavay. — Le Bulletin Laverdet. — L'Amateur d'autographes. — La Chanson du curieux d'autographes en belle humeur. —— CHAPITRE CINQUIÈME : *Histoire de la salle Silvestre.* Bulletin de la Grande Armée de la curiosité. — Liste des ventes célèbres de 1803 à 1864. — Ventes Després de Boissy, Courtois, Germain Garnier, Peuchet, de Bruyères, Chalabre, de Castellane. — Impromptu sur Mme du Châtelet. — Ventes La Jarriette, Cannazar. — Les faux nez de M. Libri. — Ventes La Roche Lacarelle, de Soleinne, Renouard, Armand Parison, Esthérazy, Amédée Rénée, Lucas de Montigny. — Fossé d'Arcosse. — Les ventes contemporaines. — Statistique morale et judiciaire. — Types. — Curiosités. — Anecdotes. — La vente du comte d'H. —— CHAPITRE SIXIÈME : *Les ventes d'Autographes à l'étranger.* — Lettres de Christophe Colomb, de Milton, du duc de Marlborough, de lord Byron. — Manuscrits de Walter-Scott, de Napoléon. — Vente du 10-13 mars 1862 à Londres. — MM. Puitick et Simpson. — Ventes à Cologne, à la Haye, à Leipsick. — La collection Radowitz. — Conclusion. — Double moralité de l'histoire des ventes d'autographes. — Lettres connues de Rabelais, de Montaigne, Corneille, Molière. — Signatures connues de Shakspeare. — Le Dahlia bleu du collectionneur. — Causes de cette rareté des lettres des personnages illustres. — Les mécontentements de l'artiste. — Les remords du mourant. — Les auto-da-fé d'héritiers. — Lettres détruites de Mme de Sévigné, de Louis XVI. — Le portefeuille du fils de Lafontaine. — La peur pendant la Révolution. — Les comptes de la police secrète du premier Empire. — L'Huître et les Plaideurs. — Les faux autographes. — Le Bibliophile Jacob et M. Labouchère. — M. Anatole de Gallier et saint François de Salles. — M. Meyer et M. Martini. — Mesures préventives et préservatrices. — De l'amélioration des catalogues.—CHAPITRE SEPTIÈME : *Résumé de l'histoire judiciaire des Autographes.* — Le procès de la correspondance de Benjamin Constant.—Le Procès Feuillet de Gonches (Lettre de Montaigne). —— CHAPITRE HUITIÈME : *la Franc-Maçonnerie autographique.* —Le monde des Collectionneurs.—Liste des principaux collectionneurs ou amateurs actuels d'autographes en France et à l'étranger. — CHAPITRE NEU-

vième : *Les Desiderata*. — Pétition d'un curieux à S. Exc. le Ministre de l'Instruction publique. — Chapitre dixième : *Les Desiderata*. — Curiosités profanes et indiscrètes. — Les Autographes galants. — La collection de portraits et d'autographes de Bussy Rabutin, de Lauzun et de Richelieu. — La Collection La Popelinière. - Le carnet de M. Hope.— Chapitre onzième : *Les Dada*. — De la classification des Autographes. — Système Peignot. — Système Fontaine. — Notre opinion. — Système du baron de Trémont, d'après ses manuscrits inédits.— Chapitre douzième : *Un bon exemple*. — Idée d'une collection d'autographes.—La collection d'autographes du baron de Trémont.— Un plaisir pendant dix ans pour trois mille francs.—Une bonne affaire et une bonne action. — Voyage à travers cinq mille autographes. —— Chapitre treizième : *Bibliothèque de l'amateur d'Autographes* (1788-1864). — Bibliographie analytique de tous les ouvrages non cités par Peignot et Fontaine, publiés en français, en allemand, en anglais, en italien, en hollandais, en latin, qui traitent de la science des autographes ou contiennent des fac-simile d'autographes. — Notice. — Extraits. — Curiosités. — Le British-Museum. — La Galerie Autographique des Archives.—Conclusion.—Les Journaux d'autographes. - L'Album de la corporation des Quincailliers, à Londres. — Les Recueils *per le Nozze faustissime*, à Venise. —— Chapitre quatorzième : *Autographiana*. — Tiré des manuscrits inédits du baron de Trémont. —— Chapitre quinzième : *Profits et Moralités*. — Conclusion. — Appendice : *Galerie de Portraits autographiques*, ou choix de pièces inédites. - I. Lettre inédite d'Aréna. — II. Id. de la Calprenède à Mme de Scudéry. — III. Id. de Chamillart à Louis XIV. — IV. Id. de la mère d'André Chénier à Louvet. — V. Id. du peintre David à la citoyenne Peyre. — VI. Note de Lucile Desmoulins sur Marie-Antoinette. —VII. Id. de J.-B. Gail à Anaxagoras Chaumette. — VIII. Id. Article de madame de Genlis sur elle-même pour les Révolutions de France et de Brabant de Camille Desmoulins. — IX. Ordre d'Henriot du 9 thermidor. — X. Lettre de la reine Hortense au libraire Ladvocat.—XI. Epître inédite de Lagrange-Chancel.—XII. Requête inédite du même.—XIII. Lettre de Joseph le Bon à Robespierre. — XIV. Id. de Louvet du Couvray. — XV. Id. de Marie-Thérèse, fille de Louis XVI, au vicomte de Châteaubriand. — XVI. Pétition de Méda au Directoire. — XVII. Le Comité de Salut public au général Menou. — XVIII. Deux Lettres inédites de Mirabeau à Sénac de Meilhan. — XIX. Lettre de Momoro.

— XX. Note curieuse de M. de Montmerqué sur M. et Mme de Flahaut. — XXI. Epître inédite de Piron à Voltaire (1721). — XXII. Id. du même au même (1723). — XXIII. Lettre inédite de M. de Rémusat sur Mme d'Houdeto. — XXIV. Trois Lettres d'amour inédites du maréchal duc de Richelieu. — XXV. Trois lettres d'amour inédites de Mme de la Popelinière au maréchal de Richelieu. — XXVI. Lettre inédite de Bernardin de Saint-Pierre. — XXVII. Lettre de cachet : Lettre de Turgot à Sénac de Meilhan. — XXVIII. Lettre de M. le comte de Vergennes à Sénac de Meilhan. — XXIX. Lettre inédite de M. Louis Veuillot à M. de Lescure. — XXX. Six Lettres inédites de Voltaire à Sénac de Meilhan père et fils. — Table des matières.

IDÉE SUR LES ROMANS

Par D.-A.-F. de Sade, publiée avec préface, notes et documents inédits, par Octave Uzanne. Un joli volume in-12 d'environ 105 pages, titre rouge et noir, couverture illustrée, imprimée en rouge et en noir, sur papier reps anglais, vignettes et culs-de-lampe spéciaux, dessinés par Marius Perret.

500 Exemp. imprim. sur papier vergé à la forme.		4 fr.
1 — — — papier de couleur N° 1		
4 — — — parchemin......N°s 2 à 5		50 fr.
10 — — — papier du Japon...N°s 6 à 15		20 fr.
20 — — — papier de Chine..N°s 16 à 34		12 fr.
65 — — — Turkey-Mill.....N°s 35 à 100		8 fr.

C'est la première fois que ce curieux traité sur le roman, dû à une plume tristement célèbre, est réimprimé. On est à la fois surpris et étonné de trouver dans le Marquis de Sade une opinion aussi honnête, un jugement aussi sain que celui qui préside à la rédaction de cet ouvrage. On y voit cet infâme scélérat s'apitoyer sur *Manon Lescaut*, conspuer Restif de la Bretonne, exalter Boufflers, Mmes de Lafayette et Riccoboni caresser Voltaire et Rousseau, déployer une érudition qui frappe et des théories qui trahissent l'écrivain par instants, et se défendre avec énergie d'être l'auteur de *Justine*, le roman immonde qui lui est attribué. M. Octave Uzanne, dans une intéressante préface, passe en revue la vie de ce monstre célèbre pour s'attarder et en retracer entièrement l'œuvre par des dates et éditions ; c'est la plus complète bibliographie du *Joli Marquis* qui ait été donnée jusqu'alors.

Publications Littéraires

DU MÊME AUTEUR

CAPRICES D'UN BIBLIOPHILE. — 1 vol. in-8° (épuisé).
LE BRIC-A-BRAC DE L'AMOUR. — 1 vol. in-8° (épuisé).
IDÉE SUR LES ROMANS, par le marquis de Sade, avec préface, notes et documents inédits. — 1 vol. in-12.
DU MARIAGE, par un philosophe du xviii° siècle. — Un vol. in-16, avec préface.
LETTRES DE VOITURE, avec préface, notes et index. — 2 vol. in-18.
EDOUARD, par Mme de Duras, avec préface. — 1 vol. in-12.

POÈTES DE RUELLES AU XVII° SIÈCLE
avec notices, notes, pièces inédites, etc.
(portraits, frontispices et vignettes à l'eau-forte)

BENSERADE. — 1 vol. in-18 (épuisé).
LA GUIRLANDE DE JULIE. — 1 vol. (épuisé).
FRANÇOIS SARASIN. — 1 vol.
MATHIEU DE MONTREUIL. — 1 vol.

PETITS CONTEURS DU XVIII° SIÈCLE
avec notices bio-bibliographiques

VOISENON. — 1 vol. in-8° (épuisé).
BOUFFLERS. — 1 vol. (épuisé).
CAYLUS. — 1 vol.
CRÉBILLON FILS. — 1 vol.
MONCRIF. — 1 vol.
LA MORLIÈRE. — 1 vol.
DUCLOS. — 1 vol.

DOCUMENTS SUR LES MŒURS DU XVIII° SIÈCLE
avec préfaces, notes et index

LA CHRONIQUE SCANDALEUSE. — 1 vol. in-8° jésus.

EN COURS DE PUBLICATION

MISCELLANÉES BIBLIOGRAPHIQUES (avec Edouard Rouveyre).

DIJON, IMPRIMERIE DARANTIERE.

www.ingramcontent.com/pod-product-compliance
Lightning Source LLC
Chambersburg PA
CBHW070749170426
43200CB00007B/715